Alexander Groder

Tiergestützte Pädagogik mit dem Greifvogel
Den Einfluss von Tieren im sozialpädagogischen Alltag nutzen

Bibliografische Information der Deutschen Nationalbibliothek:

Die Deutsche Nationalbibliothek verzeichnet diese Publikation in der Deutschen Nationalbibliografie; detaillierte bibliografische Daten sind im Internet über http://dnb.d-nb.de abrufbar.

Impressum:

Copyright © 2016 Studylab

Ein Imprint der GRIN Verlag, Open Publishing GmbH

Druck und Bindung: Books on Demand GmbH, Norderstedt, Germany

Coverbild: ei8htz

Alexander Groder

Tiergestützte Pädagogik mit dem Greifvogel

Den Einfluss von Tieren im sozialpädagogischen Alltag nutzen

2016

Kurzfassung

Diese Facharbeit beschäftigt sich mit dem Thema tiergestützte Pädagogik. Diese gibt es in immer mehr Formen und Ausprägungen, beziehungsweise mit sehr vielen verschiedenen Tierarten. Daher ist auch der Gedanke zum Thema dieser Facharbeit aufgetaucht.  Können Greifvögel in der Sozialpädagogik im Bereich tiergestützte Pädagogik sinnvoll eingesetzt werden und zu mehr Wohlbefinden bei Kindern und Jugendlichen beitragen? In den ersten Kapiteln wird es eine kurze Übersicht über die tiergestützten Interventionen geben, sowie einige Erklärungsansätze zur Mensch-Tier-Beziehung. Außerdem werden die Grundmethoden der tiergestützten Arbeit laut Otterstedt (2007) vorgestellt. Werteverständnis und Ethik wird in einem Kapitel Raum gegeben, um die Frage zu bearbeiten mit welchem Recht der Mensch Tiere für seine Zwecke einsetzten darf. Da die Arbeit mit dem Greifvogel auf Basis der Falknerischen Arbeit mit Greifvögeln basiert, wird die Falknerei als Solches in einem weiteren Kapitel vorgestellt. Einen wesentlichen Bestandteil bildet eine Praktische Arbeit mit vier Kindern und Jugendlichen, welche zehn Einheiten tiergestützte Pädagogik bewältigten. Die Erfahrungen aus diesen Einheiten werden mit Hilfe eines Leitfadeninterviews zusammengefasst und ausgewertet. Den Abschluss bilden eine Zusammenfassung der Kapitel und die Erkenntnisse die aus den Interviews gewonnen wurden.

Inhaltsverzeichnis

Inhaltsverzeichnis 5
1. Einleitung 7
2. Übersicht über tiergestützte Interventionen 9
3. Erklärungsansätze zur Mensch-Tier Beziehung 12
   3.1 Die Biophilie Hypothese 12
   3.2 Die Spiegelneuronen 12
   3.3 Die Bindungstheorie 13
   3.4 Das Konzept der Du-Evidenz 14
   3.5 Kumpantiere 14
4. Grundmethoden der tiergestützten Arbeit 16
   4.1 Definition der „Methode" 16
   4.2 Die Methode der freien Begegnung 16
   4.3 Die Hort Methode 17
   4.4 Die Brücken Methode 17
   4.5 Die Präsenz Methode 18
   4.6 Die Methode der Integration 19
5. Werteverständnis und Ethik 20
   5.1 Naturethische Grundfrage 20
   5.2 Alternative zur naturethischen Grundfrage 20
   5.3 Pragmatismus, Alterität und Solidarität 21
6. Falknerei 24
   6.1 Geschichtlicher Abriss 24
   6.2 Die Arbeit mit dem Greifvogel 24
   6.3 Die Greifvögel für diese Facharbeit 26

7. Tiergestützte Pädagogik mit dem Greifvogel 28

7.1 Beschreibung eines Betreuungsverlaufes 30

7.2 Klient A 39

7.3 Klient B 41

7.4 Klient C 42

8. Leitfadeninterview 45

8.1 Was ist ein Interview 45

8.2 Auswertung 46

8.3 Auswertungsleitfaden 47

8.4 Ergebnisse 48

8. Zusammenfassung und Ausblick 62

Literaturverzeichnis 66

Abbildungsverzeichnis 68

1. Einleitung

Wie schon Vernooij und Schneider (2010, S. 26) in ihrem Handbuch der Tiergestützten Interventionen schreiben, wird die Entwicklung, das Wohlbefinden, das Verantwortungsbewusstsein, die Emotionen eines Menschen und vieles mehr durch Tiere positiv beeinflusst. Kinder und Jugendliche im sozialpädagogischen Kontext befinden sich meist in besonderen und schwierigen Lebenslagen, in denen Tiere als Eisbrecher dienen können. Außerdem unterstützt die Arbeit mit Tieren Soziabilität, Motorik und Körpergefühl, Kognition und Lernen, Wahrnehmung, Emotionalität, Sprache und Kommunikation. (vgl. Vernooij/Schneider, 2010, S. 110 ff).

Greifvögel erscheinen dem Autor dieser Abschlussarbeit in der Sozialpädagogik als besonders interessant. Zum einen symbolisieren Greifvögel, wie der Falke, uneingeschränkte Freiheit und Kraft. Zum andern steht es dem Vogel in der Tiergestützten Pädagogik jederzeit frei, davonzufliegen.

Daher lautet die Fragestellung dieser Arbeit:

Wie kann tiergestützte Pädagogik, im Speziellen durch den Einsatz von Greifvögel, in der Sozialpädagogischen Arbeit, hilfreich eingesetzt werden?

Otterstedt (2007, S.359) beschreibt in ihrem Buch einige Ziele, die im sozialpädagogischen Setting von Bedeutung sein können. Durch den Umgang mit Tieren ist es leichter möglich, Emotionen zuzulassen und emotionale Bindungen aufzubauen. Eine Auseinandersetzung mit Geburt, Leben und Krankheit, wird erarbeitet. Durch den Umgang mit Tieren fördert man beispielsweise, altersgemäße Verantwortung zu übernehmen und Alltagsstrukturen zu erfassen. Im Bereich „Soziales Handeln" schreibt Otterstedt über die Prävention der Gewalt, Freizeitbeschäftigungen, die Sinn ergeben und die Kreativität fördern, Achtung vor dem Eigentum anderer, ein gemeinsames Handeln anstelle von Einzelaktivitäten und einiges mehr. Durch den Kontakt mit den Tieren entstehen positive Eindrücke mit dem Betreuer, welche dann wiederum im Betreuungssetting genutzt werden können.

Bei der Arbeit mit Greifvögeln wird sehr viel Wert auf Selbstbewusstsein, klare Kommunikation, sensibles Verhalten, Rücksichtnahme auf andere Lebewesen, Ruhe und Ausdauer gelegt (vgl. Schöneberg 2004, S. 173 ff).

Diese Abschlussarbeit besteht aus zwei Teilen. Der erste Teil über die Methoden und die Grundlagen der tiergestützten Pädagogik stützt sich auf Literatur. Kapitel zwei beinhaltet einen kurzen Überblick über tiergestützte Interventionen, die aus dem Buch „Handbuch der tiergestützten Interventionen" von Vernooij und Schneider (2010) ausgearbeitet wurden. Auf die Wirkung der tiergestützten Pädagogik wird in Kapitel drei eingegangen. Literatur von Olbrich (2003), Vernooij und Schneider (2010), Langer (2013), Stephan, (2012) und Greiffenhagen/Buck-Werner (2009), Kotraschal (2014) Julius, Beetz, Kotraschal, Turner, Uvnäs-Moberg (2014) wurde zur Ausarbeitung der fünf Erklärungsansätze – Biophilie Hypothese, Spiegelneuronen, Bindungstheorie, Konzept der Du-Evidenz und Kumpantier zu Rate gezogen.

Die fünf Grundmethoden der tiergestützten Arbeit nach Dr. Carola Otterstedt werden in Kapitel vier beleuchtet. Um den Begriff Methode zu definieren und zu klären wird das Buch von Galuske (2013) herangezogen.

Da es sich bei Greifvögeln um nicht domestizierte Tiere handelt wird, in Kapitel fünf ein Werteverständnis behandelt, um zu ergründen mit welchem Recht der Mensch Tiere als „Co-Therapeuten" einsetzen darf. Dazu werden Bücher von Fischer (2006), Höffe (1998), Kottke (2013), Schweitzer (1990) und Baumann (2014) herangezogen.

Kapitel sechs beschäftigt sich mit der Falknerei im Allgemeinen. Ein kurzer geschichtlicher Abriss und die falknerische Arbeit am Beispiel eines Harris Hawk dienen dem Verständnis für den im Anschluss befindlichen praktischen Teil dieser Arbeit. Dafür wurde Literatur von Schöneberg (2004) und der Homepage des Deutschen Falknerordens verwendet.

In Kapitel sieben wird der praktische Teil dieser Facharbeit beleuchtet. Hierzu werden die Beobachtungen aus den jeweils zehn Einheiten tiergestützter Pädagogik, die mit vier Kindern und Jugendlichen durchgeführt wurden, aufgrund von Beobachtungsbögen beschrieben. Die Methoden von Otterstedt (2007) wurden dafür herangezogen.

Nach den jeweils zehn Einheiten mit dem Greifvogel wurde mit jedem der Kinder und Jugendlichen ein Leitfadeninterview durchgeführt, welches in Kapitel acht vorgestellt und ausgewertet wird. Aus dem Buch „Qualitative Forschungsmethoden in der Erziehungswissenschaft" von Friebertshäuser, Langer und Prengel (2013) wird die Literatur dazu herangezogen. Den Abschluss dieser Arbeit bilden eine Zusammenfassung der Erkenntnisse sowie ein Ausblick, wie Greifvögel im sozialpädagogischen Alltag positiv eingesetzt werden könnten.

2. Übersicht über tiergestützte Interventionen

Da es eine Unmenge an tiergestützten Interventionen gibt, wird in diesem Kapitel ein grober Überblick erarbeitet.

Vorreiter des tiergestützten Arbeitens waren die USA, Kanada, Australien und England. Wie effektiv das Arbeiten mit Tieren ist, wurde dort sehr viel früher als im deutschsprachigen Raum erkannt. In den neunziger Jahren des 20. Jahrhunderts wurden erste Richtlinien zur Abgrenzung der einzelnen Interventionen eingeführt. Auf die Begriffe die im anglo-amerikanischen Raum eingeführt wurden, wird in dieser Facharbeit nur kurz der Vollständigkeit halber eingegangen. (vgl. Vernooij/Schneider, 2010, S. 29).

Die „Pet Therapy (PT)" ist die älteste Benennung von tiergestützten Interventionen. Bei dieser Form wurden erste Experimente durchgeführt um Tiere in therapeutischen Prozessen zu integrieren. Diese wurden durch den Begriff „Pet Facilitated Therapy, (PFT)" ersetzt. Der Zusatz „Facilitate" bedeutet übersetzt erleichtern, fördern, und soll aufzeigen, dass die Tiere nicht die alleinigen Therapeuten sind sondern den Professionisten oder die Professionistin lediglich unterstützen.

Der dritte Begriff lautet „Pet-Facilitated Psychotherapy (PFP). Die Bezeichnung „Psychotherapy" soll bei dieser Form der tiergestützten Intervention hervorheben, das die Reaktion der Tiere auf die menschliche Psyche im Vordergrund steht. Zuletzt wurde noch der Begriff Animal-Facilitated Therapy (AFT) eingesetzt. Diese Bezeichnung soll hervorheben, dass nicht nur domestizierte Tiere für tiergestützte Interventionen eingesetzt werden können, sondern auch nicht domestizierte Tiere wie zum Beispiel Delfine. (vgl. Vernooij/Schneider, 2010, S. 30f).

Die 1977 in den Vereinigten Staaten gegründete und bis heute weltweit führende Organisation Delta Society ersetzte nach jahrelanger Forschung die vier Begriffe durch zwei neue. Animal-Assisted Activities (AAA) und Animal-Assisted Theraphy (AAT). Erstere beschreibt einen Besuchsdienst mit Tieren bei dem keine Zielvorgaben nötig sind, keine Dokumentationspflicht besteht und keine Ausbildung erforderlich ist. Bei der Animal-Assited Theraphy jedoch handelt es sich um zielgerichtete Interventionen mit Tieren, die von qualifizierten Experten durchgeführt werden und zur Überprüfung des Fortschritts dokumentiert werden müssen. (vgl. Vernooij/Schneider, 2010, S. 30f).

Im deutschsprachigen Raum hingegen gibt es keine offiziell festgelegte Begrifflichkeit. Grund dafür ist, dass es noch kein Berufsbild und keine anerkannte Berufsausbildung dafür gibt. Daher gibt es auch viele verschiedene Begriffe für Interventionen mit Tieren.

Die vier am häufigsten verwendeten sind,

- tiergestützte Aktivität (TG A),
- die tiergestützte Förderung (TG F),
- die tiergestützte Pädagogik (TG P),
- tiergestützte Therapie (TG T). (vgl. Vernooij/Schneider, 2010, S. 34).

Bei der tiergestützten Aktivität steht die Verbesserung der Lebensqualität durch die Unterstützung von Tieren im Vordergrund. Einsatzmöglichkeiten sind dabei beispielsweise der sogenannte Tierbesuchsdienst. (vgl. Vernooij/Schneider, 2010, S. 34f).

Ein klientenorientiertes Konzept ist Voraussetzung für die tiergestützte Förderung. Für jeden Klienten beziehungsweise jede Klientin wird ein individuell angepasstes Programm erstellt um sie oder ihn nicht nur zu fördern, sondern auch zu fordern. Ziel ist, dass der Klient oder die Klientin ein möglichst selbstbestimmtes Leben führen kann und eigenverantwortliches Handeln erlernt. (vgl. Vernooij/Schneider, 2010, S. 36f).

Emotionale und soziale Intelligenz sind die beiden Hauptthemen bei der tiergestützten Pädagogik. Unter emotionaler Intelligenz wird ein Erkennen der eigenen Emotionen und der Umgang mit diesen, Empathiefähigkeit sowie die Fähigkeit zum Aufbau von Sozialbeziehungen verstanden (vgl. Vernooij/Schneider, 2010, S. 38f). Salovey und Mayer (1990, 185ff) haben daraus ein Stufenmodell entwickelt, welches in der tiergestützten Pädagogik positiv angewendet werden kann. Der erste Schritt ist ein Erkennen und Bewusstwerden der eigenen Emotionen, der weitere entsprechende Umgang mit diesen und eine Umsetzung dieser Emotionen in positive Handlungen. (vgl. Vernooij/Schneider, 2010, S. 39).

Vernooij und Schneider (2010, S. 41) definieren die tiergestützte Pädagogik folgendermaßen:

> „Unter Tiergestützter Pädagogik werden Interventionen im Zusammenhang mit Tieren subsumiert, welche auf der Basis konkreter, klienten-/ kindorientierter Zielvorgaben Lernprozesse initiieren, durch die schwerpunktmäßig die emotionale und die soziale Kompetenz des Kindes verbessert werden soll. Sie werden durchgeführt von Experten

im pädagogischen-sonderpädagogischen Bereich (z.B. Lehrpersonal unter Einbezug eines Tieres, welches für den Einsatz spezifisch trainiert wurde. Ziel der Tiergestützten Pädagogik ist die Initiierung und Unterstützung von sozial-emotionalen Lernprozessen, das heißt Ziel ist der Lernfortschritt in diesen Bereichen."

Bei der Tiergestützten Therapie ist eine Situations- und Problemanalyse unumgänglich, um einen Therapieplan und ein Ziel festzulegen. Ausgelegt ist die Tiergestützte Therapie auf Leistungs- und/oder Persönlichkeitsbereiche beziehungsweise eine Be- und Verarbeitung von konfliktreichem Erleben. Diese Form der tiergestützten Intervention wird ausschließlich von therapeutisch qualifiziertem Personal durchgeführt (vgl. Vernooij/Schneider, 2010, S. 43f).

Zusammengefasst kann an dieser Stelle festgestellt werden, dass die tiergestützte Aktivität für eine qualitative Steigerung des Wohlbefindens, die tiergestützte Förderung für Fortschritte in der Entwicklung, die tiergestützte Pädagogik für spezielle Lernfortschritte und die tiergestützte Therapie für eine Verbesserung der Lebensgestaltungskompetenz herangezogen werden kann (vgl. Vernooij/ Schneider, 2010, S. 46).

Wie die Wirkung von Tieren auf den Menschen stattfinden kann, wird im nächsten Kapitel anhand von Erklärungsansätzen zur Mensch-Tier Beziehung näher dargelegt.

3. Erklärungsansätze zur Mensch-Tier Beziehung

Für die Erklärung einer Mensch-Tier Beziehung sollen die im Folgenden vorgestellten fünf Modelle dienen.

3.1 Die Biophilie Hypothese

Biophilie, zusammengesetzt aus den beiden Wörtern „bio" – das Leben betreffend und „philie" – Vorliebe, Liebhaberei, Neigung, bedeutet frei übersetzt „die Liebe zum Leben" beziehungsweise „die Liebe zum Lebendigen" (vgl Stephan, 2012, S. 3).

Edward O. Wilson begründete 1984 die Biophilie Hypothese aufgrund der Tatsache, dass sich der Mensch im Einklang mit der Natur und aller in ihr existierenden Lebewesen entwickelte (vgl. Langer, 2013, S. 9).

Olbrich beschreibt die Biophilie als

> „die dem Menschen inhärente Affinität zur Vielfalt von Lebewesen in ihrer Umgebung ebenso wie zu ökologischen Settings, welche die Entwicklung von Leben ermöglichen" (Olbrich, 2003 S. 69).

Tiere haben seit jeher eine große Bedeutung für den Menschen. Sei es zur Nahrungsgewinnung und Herstellung von Bekleidung, als Gefährte bei der Jagd, oder als Bewohner desselben Lebensraums. Durch die Beobachtung des Verhaltens der Tiere konnte der Mensch Rückschlüsse auf eventuell bevorstehende Gefahren oder Veränderungen in seinem Lebensraum gewinnen (vgl. Vernooij/Schneider, 2010, S. 5).

Olbrich (2003, S. 184f) ist der Ansicht, dass die Interventionen mit Tieren nicht wie ein Medikament wirken, sondern die Wirkung evolutionsgeschichtlich bedingt ist.

3.2 Die Spiegelneuronen

Spiegelneuronen sind Nervenzellen im menschlichen Körper die ein beobachtetes Verhalten eines anderen so erleben lassen, als würde es vom Beobachter oder der Beobachterin selbst ausgeführt werden (vgl. Vernooij/Schneider, 2010, S.12).

> „Für die Beziehung zwischen Mensch und Tier könnte das Konzept der Spiegelneuronen bei Übertragbarkeit so positive Effekte wie Beruhigung oder auch Verbesserung der Stimmung durch das Tier erklären." (Vernooij/Schneider, 2010, S.13 zit. nach Beetz 2006a)

Das Konzept der Spiegelneuronen in der Mensch-Tier Beziehung steht laut Vernooij und Schneider (2010, S.13) jedoch noch ganz am Anfang.

3.3 Die Bindungstheorie

Da sich vor allem frühe Bindungserfahrungen auf den gesamten Lebenslauf, vor allem auf emotionale Intelligenz, Empathie und die Regulation von Emotionen auswirken, werden die Einflüsse dieser Bindungen in der Psychologie ernst genommen. Die Forschung erlangte dabei auch die Erkenntnis, dass Menschen zu Tieren eine Bindung aufbauen können (vgl. Olbrich, 2003, S. 76f).

Während des ersten Lebensjahres eines Kindes wird eine Bindung zu einer Bezugsperson hergestellt, meist zur Mutter. Diese reagiert auf die Signale des Kindes wie Weinen oder Schreien. Durch diese Signale versucht das Kind, Aufmerksamkeit zu erhalten (vgl. Olbrich, 2003, S. 77).

Sind diese Bindungserfahrungen in den ersten Lebensjahren negativ, wirkt sich das auf die weitere Entwicklung des Kindes aus und es entsteht eine unsichere Bindung, die sich durch Unsicherheit, mangelndes Vertrauen, Selbstzweifel und ähnlichem bemerkbar macht (vgl. Olbrich, 2003, S. 77f).

Es scheint, dass Menschen und ihre Tiere Beziehungen entwickeln können, die einer sicheren Bindung zwischen Menschen entsprechen. Um diese Bindungsqualität erreichen zu können sind Kriterien wie Sicherheit, Zuverlässigkeit und körperliche Nähe wichtig. Im Falle der Trennung verspüren die Menschen negative Gefühle wie den Trennungsschmerz (vgl. Julius, Beetz, Kotraschal, Turner, Uvnäs-Moberg, 2014, S. 165f).

Menschen fallen der Körperkontakt und die damit in Verbindung stehende Stressreduktion zu Tieren leichter als zu anderen Menschen. In der tiergestützten Arbeit ist der Körperkontakt zum Tier und die damit verbundene Stressreduktion eine wichtige Bedingung für den Aufbau von sicheren Bindungen (vgl. Julius, Beetz, Kotraschal, Turner, Uvnäs-Moberg, 2014, S. 168f).

Betrachtet man also den Umstand das Menschen zu Tieren eine Bindung aufbauen können, kann in Anlehnung an die Bindungstheorie die Annahme entstehen, dass mit der tiergestützten Arbeit Bindungsdefizite bearbeitet werden können. Der positive Einfluss von Tieren kann auf der sozialen und psychologischen Ebene helfen, Verhaltensstörungen aus nicht vorhandenen Bindungen zu relativieren (vgl. Stephan, 2012, S. 5f).

3.4 Das Konzept der Du-Evidenz

Ein weiterer Erklärungsansatz ist die Du-Evidenz, die von Greiffenhagen und Buck-Werner beschrieben wird. „Evidenz" bedeutet hier „Deutlichkeit". Also sollte das Tier deutlich als „Du" wahrgenommen werden.

> „Mit DU-Evidenz bezeichnet man die Tatsache, dass zwischen Menschen und höheren Tieren Beziehungen möglich sind, die denen entsprechen, die Menschen unter sich beziehungsweise Tiere unter sich kennen. Meist geht dabei die Initiative vom Menschen aus, es gibt aber auch Fälle, in denen Tiere sich einen Menschen als Du-Genossen aussuchen." (Greiffenhagen/Buck-Werner, 2009, S. 22).

Entscheidend ist bei dieser Form der Beziehung die Gewissheit, dass es sich um eine Partnerschaft handelt. Das einzelne Tier ist kein anonymes „Es" mehr sondern wird zu einem Partner, einem „Du". Ein Mensch, der mit einem Tier in solch eine Beziehung tritt, wird dem Tier einem Namen geben, um es aus der Menge herauszuheben und ihm Rechte und Bedürfnisse zuschreiben.

Die immer mehr werdenden Tierfriedhöfe sind eine Konsequenz der Du-Evidenz. Wer sein Tier als Mitglied der Familie sieht und respektiert, kann den toten Körper nicht einfach in den Müll werfen, sondern durch eine Bestattung ein würdiges Andenken bewahren (vgl. Greiffenhagen/Buck-Werner, 2009, S. 23).

Die Beziehung zwischen Mensch und Tier wirkt auf einer sozio-emotionalen Ebene und diese ist die Voraussetzung für Mitgefühl und Empathie (vgl. Baur, 2012, S. 20).

Vernooij und Schneider (2010, S. 8) beschreiben, dass die Mensch-Tier Beziehung erst voll zur Geltung kommt wenn in den Eigenarten von Mensch und Tier Ähnlichkeiten bestehen. Diese Ähnlichkeiten können im körperlichen Ausdruck, in Empfindungen und Bedürfnissen nach Nähe, Berührungen und vielem mehr bestehen.

3.5 Kumpantiere

Als „soziale Schmiermittel" können laut Kotraschal (2014) die von ihm sogenannten Kumpantiere wirken. Als Kumpantiere werden hier Tiere assoziiert, die aufgrund von guter Betreuung und Pflege mit viel Zuneigung reagieren.

Durch Tiere kommen Menschen mehr mit anderen Menschen in Kontakt und auch im Familienleben wird die zwischenmenschliche Kommunikation verstärkt. Kumpantiere haben die Fähigkeit sich besser an die Charaktere ihrer Besitzer und

Besitzerinnen anzupassen als es beispielsweise ein Lebenspartner oder eine Lebenspartnerin schafft. Sie verstellen sich nicht und verhalten sich authentisch (vgl. Kotraschal, 2014, S. 149).

> „Kumpantiere können, durchaus auch ‚ihren eigenen Bedürfnissen entsprechend, Schmusepartner sein und durch emotionale soziale Unterstützung zur Stressbewältigung ihrer Menschen beitragen, also Kortisol, Herzschlagrate und Blutdruck senken." (Kotraschal, 2014, S. 149).

Für die Qualität der Beziehung zum Kumpantier ist die Art der Bindung ausschlaggebend. Je mehr eine wechselseitige und keine einseitige Beziehung besteht, desto besser ist diese (vgl. Kotraschal, 2014, S. 150).

Die Wahl des Kumpantieres richtet sich nach dem Ego sowie den subjektiven Wünschen, Bedürfnissen und Vorurteilen des Menschen. Aber auch danach, wie dieser Mensch von anderen wahrgenommen werden möchte. Dabei ist es nicht von Bedeutung, ob dieses Tier wirklich diesen Zuschreibungen entspricht (vgl. Julius, Beetz, Kotraschal, Turner, Uvnäs-Moberg, 2014, S. 51f).

So ist zum Beispiel speziell für diese Facharbeit der Greifvogel mit einer „Aura des Wilden" umgeben.

Nachdem in diesem Kapitel versucht wurde, die Mensch-Tier Beziehung zu erklären werden im nächsten Kapitel die Grundmethoden der tiergestützten Arbeit erläutert.

4. Grundmethoden der tiergestützten Arbeit

Für die tiergestützte Arbeit mit dem Greifvogel wurden die von Otterstedt beschrieben fünf Methoden herangezogen. Die fünf unterschiedlichen Methoden können beliebig miteinander kombiniert werden (vgl. Otterstedt, 2007, S. 349).

Um Notlagen und Gewissenskonflikte von Kindern und Jugendlichen zu vermeiden, muss besonders auf kulturelle, ethische und spirituelle Aspekte geachtet werden. Um die richtige Tierart und Methode für die tiergestützte Arbeit zu finden, muss im Weiteren ein Augenmerk auf die mentalen, psychischen und physischen Gegebenheiten der Kinder und Jugendlichen geachtet werden (vgl. Otterstedt, 2007, S. 343).

> „Ein Klient mit einer Augenmuskelschwäche wird weniger von einem quirligen Border Collie profitieren. Ein Klient aus einem Ursprungsland, in dem der Esel als Lastentier verbraucht wird, kann durch eine individuelle Begegnung mit einem Esel profitieren, wenn die Entwicklung der Wahrnehmung individueller Bedürfnisse Thema der Therapie sein soll." (Otterstedt, 2007, S. 343)

4.1 Definition der „Methode"

Bevor die einzelnen Methoden der tiergestützten Arbeit näher erläutert werden, muss der Begriff der „Methode" erst einmal definiert werden.

Methode stammt vom griechischen Wort „methodos" der Weg, und bedeutet, dass durch ein planmäßiges Verfahren ein bestimmtes Ziel erreicht werden soll (vgl. Otto/Thiersch, 2011, S. 932).

4.2 Die Methode der freien Begegnung

Die Grundidee der Methode der freien Begegnung basiert auf dem Gedanken, dass sich Klient/Klientin und Tier aus freien Stücken und aus gegenseitigem Interesse, ohne Zwang, Lockmittel oder Einfluss von dritten näherkommen. Klient/Klientin und Tier haben viel Raum und Rückzugsmöglichkeiten. In der reinsten Form würde diese Begegnung in der freien Natur stattfinden (vgl. Otterstedt, 2007, S. 345).

> „Die Begegnung mit dem Tier wird dann emotional als besonders wertvoll erlebt, wenn der Mensch den Eindruck erhält: Das Tier nimmt mich wahr, meint mich, will mit mir in Beziehung treten.", (Otterstedt, 2007, S. 345)

Diese „reinste Form" ist so nicht wirklich zu erreichen, da der Raum stets begrenzt ist, sei es durch Weidezäune oder Volieren. Allerdings kann die Art der Begegnung auch in einem begrenzten Raum sehr frei gestaltet werden. Sucht das Tier den Kontakt zu dem Klienten oder der Klientin, verspürt er oder sie ein Gefühl der Annahme, des Wahrgenommenwerdens und ein Gefühl, dass sich jemand für ihn oder sie interessiert (vgl. Hausinger, 2014, S. 46f).

Grundsätzlich gilt zu beachten, je größer und freier der Raum der Begegnung ist, desto höher auch die Verantwortung des Pädagogen/der Pädagogin oder des Therapeuten/ der Therapeutin ist.

Die Methode der freien Begegnung stellt die Grundlage aller anderen Methoden im tiergestützten Bereich dar und findet sich auch in den einzelnen Methoden wieder (vgl. Otterstedt, 2007, S. 345ff).

Für den Einsatz des Greifvogels ist die Methode der freien Begegnung sehr interessant. Wenn sich der Vogel im Freiflug befindet kommt dies einer Begegnung in der freien Natur sehr nahe. Hat der Greifvogel dann auch Interesse an der Klientin/dem Klienten und kommt ohne Lockmittel auf die Faust, wäre das dem Grundgedanken der freien Begegnung gerecht.

4.3 Die Hort Methode

Als Hort wird ein geschützter Raum bezeichnet, sowohl für das Tier als auch für den Klienten/die Klientin. Die Hortmethode kann für eine Menge an unterschiedlichen Methodenkombinationen herangezogen werden (vgl. Otterstedt, 2007, S. 349).

Je nach Tierart und Gehegegröße können sich der Klient oder die Klientin in das Gehege begeben und die Tiere beziehungsweise das Verhalten der Tiere beobachten. Daraus ergeben sich auch die unterschiedlichsten Kontaktmöglichkeiten. Im Fokus stehen bei dieser Methode jedoch nicht nur die Kontaktaufnahme mit dem Tier, sondern auch die Einrichtung des Lebensraums sowie die Beschaffung artgerechten Futters (vgl. Otterstedt, 2007, S. 350).

In Bezug auf die in dieser Arbeit vorgestellte tiergestützte Pädagogik mit dem Greifvogel lassen sich die verschiedensten Projekte und Arbeitsweisen daraus ableiten.

4.4 Die Brücken Methode

Die Brücken Methode kommt zum Einsatz, wenn sich der Klient oder die Klientin noch nicht in der Lage fühlt, das Tier direkt zu berühren. Oft wird ein Gegenstand als Brücke eingesetzt. Hier ist jedoch die Gefahr groß, dass das Tier diese Gesten falsch versteht und den Gegenstand falsch interpretiert. Ein Beispiel wäre hier ein Stock, der bei einem Hund Aggressionen auslösen könnte. Ein Nachteil ist zudem, dass das Tier durch locken, beispielsweise mittels eines Leckerlis, zum Klienten oder der Klientin geführt wird. Dies steht im krassen Gegensatz zu der Methode der freien Begegnung, die anzustreben wäre. Daher ist ein authentischer Beziehungsaufbau bei dieser Methode nicht möglich.

Für eine erste Annäherung beziehungsweise einem ersten Kennenlernen des Tieres ist die Brücken Methode durchaus einzusetzen. Die Art der Annäherung sollte jedoch vom Pädagogen mit seinem Klienten oder seiner Klientin sehr gut reflektiert werden.

Ziel dieser Methode sollte sein, die Brücke für die ersten Annäherungen zu verwenden, lange genug um eine Vertrauensbasis zwischen dem Klienten oder der Klientin und dem Tier aufzubauen, und langfristig die Arbeit ohne dieses Hilfsmittel anzustreben (vgl. Otterstedt, 2007, S. 351ff).

Mit dem Greifvogel ist diese Methode vor allem beim Beziehungsaufbau sehr interessant. Streicheln mit einer Feder, Füttern mit Hilfe einer Fliegenklatsche und vielem mehr sind alternative Wege, um nicht gleich auf Tuchfühlung mit dem Tier gehen zu müssen.

4.5 Die Präsenz Methode

Sehr sensibel und durchdacht muss der Einsatz und die Auswahl des Tieres bei der Präsenz Methode sein. Diese wird ausschließlich bei Klienten oder Klientinnen angewandt, die aufgrund von Beeinträchtigungen nicht selbstständig zur Kontaktaufnahme in der Lage sind. Da das Tier dem Klienten oder der Klientin sehr nahe gebracht wird, beispielsweise auf den Schoß gesetzt, bedarf es einer guten Kenntnis und Vertrauensbasis zwischen dem Pädagogen oder der Pädagogin und dem Tier. Sollte sich das Tier oder der Klient/die Klientin durch den beengten Raum oder den engen Kontakt unwohl fühlen, muss es jederzeit aus der Situation herausgenommen werden können. Die Herausforderung bei dieser Methode ist es, dass sich der Pädagoge oder die Pädagogin so weit wie möglich aus der Situation herausnimmt um eine so weit wie möglich freie Begegnung zu ermöglichen und trotzdem nahe genug ist um in Gefahrensituationen sofort eingreifen zu können (vgl. Otterstedt, 2007, S. 354f).

Da bei dieser Methode der Kontakt zum Klienten oder der Klientin so eng sein muss, ist diese bei der Arbeit mit dem Greifvogel eine der sensibelsten, da diese

Tiere eine solche Nähe nicht lange aushalten beziehungsweise die Bindung zwischen Klienten oder Klientin und dem Greifvogel schon sehr intensiv sein muss.

4.6 Die Methode der Integration

Die fünfte und letzte Methode von Dr. Carola Otterstedt ist die Methode der Integration. Bei dieser Methode wird das Tier als fixer und fester Bestandteil in die Arbeit eingebaut und ist fester Bestandteil einer bereits vorher festgelegten Methode. Das eingesetzte Tier muss eine große Freude am Lernen, sehr viel Flexibilität und Integrationsbereitschaft haben. Der Pädagoge muss sehr auf die Bedürfnisse und Reaktionen des Tieres achten. Das Tier sollte als Kollege vorgestellt werden, dass eine Art Beruf ausübt. (vgl. Otterstedt, 2007, S. 355f).

Nachdem die Methoden der tiergestützten Arbeit nun erläutert wurden, wird im nächsten Kapitel auf ausgewählte ethische Aspekte eingegangen. Da es sich bei Greifvögeln um nicht domestizierte Tiere handelt, sollte sich jeder, der mit solchen Tieren arbeitet, die Frage stellen, mit welchem Recht wir Tiere einsetzen und wie viel wir den Tieren zumuten „dürfen".

5. Werteverständnis und Ethik

5.1 Naturethische Grundfrage

Menschen geben allem einen moralischen Status, daher stellt sich hier die Frage, ob wir auch dem Tier und seiner Eigenschaft einen geben sollten, beziehungsweise einen geben dürfen.

Besitzt das Tier einen eigenen moralischen Wert oder ist es nur für den Menschen da? Zunächst muss es den Menschen auf der einen Seite geben und den Wert des Tieres auf der anderen, mit Hilfe dieses Dualismus lässt sich die Frage nach dem Wert beginnen. Die Seite des Menschen entspricht dabei der Handlungsebene, die des Tieres der Objektebene (vgl. Baumann, 2014, S.3f).

> „Der Sinn der Wertsuche besteht darin, einen Grund für normative Orientierung auf der Handlungsebene zu finden. Gleichzeitig konstituiert aber diese vom Fund betroffene Handlungsebene die Art und Weise der Suche. Von einer objektiven Methode kann im Hinblick auf diese Suche also nicht gesprochen werden, auch dann nicht, wenn postuliert wird, dass der gefundene Wert auf der Seite der Natur bzw. des Tieres ein objektiver sei. Der gefundene Wert kann nur in dem Maße objektiv sein, als er Bestandteil der Objektebene ist, auf der gesucht wird" (Baumann, 2014, S. 4).

Wird von dieser Art der Suche ausgegangen, kann zusammenfassend festgehalten werden, dass das, was gesucht wird, so sein muss, dass es auch vom Menschen entdeckt werden kann. Will man eine Verbindung zur Handlungsebene des Menschen herstellen, muss das, was gesucht wird, auch bestimmte Eigenschaften haben. Den Begriff „Wert" können wir nur dann einsetzen, wenn eine erkennbare Eigenschaft vorliegt, die einem moralischen Wert zuzuordnen ist. Anhand des Wertes muss die Lücke zwischen menschlicher Handlungsebene und der Objektebene verbunden werden. Wurde dieser Wert entdeckt, bekommt die Beziehung der menschlichen Handlungsebene und der nicht menschlichen Objektebene einen normativen Charakter (vgl. Baumann, 2014, S. 4f).

5.2 Alternative zur naturethischen Grundfrage

Baumann (2014) beschreibt einen weiteren Zugang zur naturethischen Grundfrage, ob die Natur, beziehungsweise das Tier, einen eigenen Wert hat oder nur für den M2nschen da ist.

> „Gibt es überzeugungsfähige (also plausible) Gründe dafür, dass wir der Natur (bzw. einem bestimmten Ausschnitt der Natur oder dem, was wir dafür halten) einen moralischen Status zubilligen wollen, der unser Handeln in, an und mit ihr (bzw. einem ihrer Ausschnitte oder das, was wir dafür halten) orientiert?" (Baumann, 2014, S. 17)

Beziehen wir diese Frage in unser Denken mit ein, erkennen wir folgende Vorteile:

- Diese Frage setzt nicht voraus, dass wir, um der Natur oder dem Tier einen moralischen Status geben können, auch einen Wert von beidem brauchen.
- Selbst wenn es eines Wertes bedürfte, muss dieser nicht zwingend in der Natur oder am Tier liegen. Wo der Wert gesucht werden muss, wird selbst Teil dieser Frage.
- Es gibt nicht allein eine Version eines Tieres oder der Natur, sondern es spielt eine entscheidende Rolle, was wir für das Tier oder die Natur halten.
- Es wird bei dieser Frage nicht mehr von einem Sollen, sondern vielmehr von einem Wollen gesprochen, was einem öffnenden Charakter entspricht.

Der Versuch, den Dualismus einzuebnen, entspringt dem amerikanischen Pragmatismus. Diese Philosophie fand bisher jedoch noch kaum Einzug in natur-oder tierethische Fragen (vgl. Baumann, 2014, S.17f).

5.3 Pragmatismus, Alterität und Solidarität

Die folgenden drei Positionen werden kurz als eventuelle Alternativen zur naturethischen Grundfrage beschrieben.

5.3.1 Pragmatismus

Der Pragmatismus scheint bei der Anwendung auf metaethischen Fragestellungen als wenig sinnvoll.

Die angewandte Ethik moderiert im Pragmatismus gesellschaftliche Diskurse, deren Aufgabe es ist

> „eine Schnittmenge normativer Verbindlichkeiten der verschiedenen Weltanschauungsgruppen zu gewinnen." (Baumann, 2014, S.21, zit. n. Fischer 2006, S.20).

Diese Schnittmenge wird allerdings nicht empirisch gewonnen, sondern durch die Vernunft von Menschen. Der Pragmatismus ist der Überzeugung, dass nur was für uns zu glauben gut ist, die Wahrheit ist (vgl. Baumann, 2014, S.21).

5.3.2 Solidarität

Das Prinzip der Solidarität auf eine Mensch-Tier Beziehung zu übertragen bedeutet, die Grenzen zu erweitern und einander auf eine nicht objektivierende Weise zu begegnen, also eine Beziehung, die nicht abhängig ist von etwas, das außerhalb der Beziehung steht. Im Mensch-Tier Verhältnis würde das bedeuten, Tieren, die uns nicht von Nutzen sind, genauso zu begegnen wie Hühnern, die beispielsweise unser tägliches Ei liefern.

Um den Tierarten solidarisch begegnen zu können, muss das „Gattungs- und Eigenschaftsdenken" überwunden werden. Die Haltung gegenüber dem anderen muss sich soweit ändern, dass auf äußere Faktoren kein Wert gelegt wird (vgl. Baumann, 2014, S.22f).

5.3.3 Alterität

In der klassischen Tierphilosophie stellen sich die Verteilungsfrage und die Anfühlfrage. Die Verteilungsfrage orientiert sich daran, ob wir wissen, dass ein Tier Erfahrungen wie Schmerz haben kann. Die Anfühlfrage richtet sich nach dem, wie es sich für ein Tier anfühlt, bestimmte Erfahrungen wie zum Beispiel Schmerz zu haben (vgl. Baumann, 2014, S. 24).

> „Die Anfühlfrage können wir nicht beantworten, weil wir keine Fledermaus sind und selbst wenn wir alle Fakten darüber kennen würden, wie es ist eine Fledermaus zu sein, aber keine Fledermaus sind, wüssten wir nicht, wie es sich anfühlt, eine Fledermaus zu sein"(Baumann, 2014, S. 24).

Solange sich die Verteilungsfrage nicht eindeutig positiv beantworten lässt, ergibt das Erfragen der Anfühlfrage keinen Sinn.

Unter der Ebene der Similarität versteht man, dass der Mensch in der Welt etwas wahrgenommen hat, das ihm in irgendeiner Weise ähnelt. Somit ist die Similarität für die Alterität unverzichtbar. Denn nur wenn der Mensch annimmt, dass etwas so sein könnte, wie er, kann er auch die Verteilungsfrage beantworten. Das würde bedeuten, dass die Ethik auf der Similarität der Tiere beruht (vgl Baumann, 2014, S. 24f).

Zusammenfassend kann zu diesem Thema festgehalten werden, dass sich keine klaren Antworten auf ethische Fragen im Umgang mit Tieren finden lassen. Wichtig erscheint hier, gut auf das Tier zu achten und es nicht als Gegenstand einzusetzen.

Um für den praktischen Teil dieser Arbeit ein Gefühl für die Arbeit mit Greifvögeln zu bekommen, wird sich das nachfolgende Kapitel mit dem Thema Falknerei beschäftigen.

6. Falknerei

Greifvögel gehören nicht zu den domestizierten Tieren, sprich sie sind Wildtiere und keine gezähmten Haustiere. Die speziellen Haltungsbedingungen für Greifvögel und die Anforderungen zur Haltung dieser werden, um den Rahmen dieser Arbeit nicht zu sprengen, nicht beschrieben. Diese finden sich in der Oberösterreichischen Tierhalteverordnung Punkt 11.

(vgl. www.ris.bka.gv.at/Geltende Fassung.wxe?Abfrage=Bundesnormen& Gesetzesnummer=20003860)

Greifvögel werden mit Freiheit, Stärke und Macht in Verbindung gebracht. Ihre Haltung, die damit verbundene Arbeit und auch das entsprechende Verhalten ihnen gegenüber erfordert einige Kenntnisse, die für ein qualitatives Arbeiten in der tiergestützten Pädagogik wichtig sind. Aus diesem Grund wird in diesem Kapitel ein kurzer Einblick in die Entstehung der Falknerei und die Arbeit mit Greifvögeln gegeben.

6.1 Geschichtlicher Abriss

Die Faszination Greifvogel begleitete den Menschen schon vor Beginn der Zeitrechnung. Der Greifvogel diente als Jagdbegleiter zur Beschaffung von Fleisch. Noch bevor Schusswaffen erfunden wurden, verhalf der Greifvogel bei der Beizjagd dem Menschen zum Jagderfolg und war dadurch ein unerlässlicher Partner für das Überleben. Die Ursprünge der Falknerei werden in Asien vermutet. Im Mittelalter war die Beizjagd alleine dem Adel vorbehalten und bis 1752 stand auf die Tötung eines Falken sogar die Todesstrafe. Mit der Erfindung der Schusswaffen verschwand die Falknerei immer mehr. In der heutigen Zeit wird die Falknerei vorwiegend aus Liebhaberei betrieben und die Greifvögel kommen überwiegend aus Falknereien, die sich mit der Greifvogelzucht beschäftigen. Seit 2010 ist die Falknerei in der Liste des immateriellen Kulturerbes der UNESCO aufgenommen (vgl. Deutscher Falkenorden).

6.2 Die Arbeit mit dem Greifvogel

Um eine tragfähige Beziehung zum Greifvogel aufzubauen, benötigt ein Falkner viel Wissen über das Leben und das Verhalten des Greifvogels und außerdem sehr viel Geduld und Engagement. Im Folgenden werden kurz die Schritte zur Ausbildung am Beispiel eines Harris Hawk beschrieben. Diese Schritte sind deshalb von Bedeutung, da die Kinder und Jugendlichen, die am praktischen Teil dieser Arbeit beteiligt waren, in diesem Prozess mitgewirkt haben.

Die Ausbildung des Vogels beginnt kurz, bevor er futterfest wird, das heißt kurz bevor der Greifvogel in der Lage ist, selbstständig zu fressen. Der Harris Hawk wird aufgeschirrt, das heißt an beiden Beinen werden Lederbänder, eine Drahle, das ist ein Einhängewirbel der verhindert das sich der Vogel mit den Lederbändern eindreht, und eine Langfessel befestigt. Die Langfessel ist eine etwa ein Meter lange Schnur zum Sichern des Vogels am Handschuh und den Sitzgelegenheiten. So aufgeschirrt wird er auf das sogenannte Reck, eine Sitzmöglichkeit, gestellt.

Nun beginnt der schwierigste Teil der Arbeit. Der Harris Hawk wird, durch tragen auf der Faust an den Falkner, die Umgebung und Geräusche gewöhnt. Hierfür ist sehr viel Geduld, Kommunikation mit dem Greifvogel und Einfühlungsvermögen notwendig, da die Faust zum „sicheren Ort" für das Tier werden sollte. Es muss bewusst auf den Vogel geachtet werden, um ihn nicht zu überfordern. Außerdem muss er in dieser ersten Zeit auch das Fressen, es wird in der Falkner Sprache von Atzen gesprochen, auf dem Handschuh erlernen. Die sogenannte Atzung besteht aus toten Eintagsküken, Ratten und Mäusen sowie rohem Fleisch.

Der nächste Schritt ist das sogenannte Übertreten auf den Handschuh. Das bedeutet, der Vogel soll von seiner Sitzgelegenheit selbstständig auf den Handschuh des Falkners kommen und die Atzung aufnehmen. Dies erfordert sehr viel Geduld auf der Seite des Falkners und sehr viel Vertrauen seitens des Greifvogels und kann sich über mehrere Tage hinziehen (vgl. Schöneberg, 2004, S. 175f).

Abbildung 2: Falke Wotan beim Übertritt auf den Handschuh, Foto Sonja Ahamer

Ist der Übertritt auf den Handschuh mehrere Tage in Folge gelungen, wird die Distanz zwischen Sitzgelegenheit und Faust des Falkners solange vergrößert, bis der Vogel auf mehrere Meter „beireitet". Unter dem „Beireiten" versteht der Falkner das selbständige Herkommen auf den Handschuh des Falkners. Nun ist es an der Zeit, den ersten Freiflug zu planen. Der erste Freiflug ist für einen Falkner immer ein besonderes Erlebnis. Bis zu diesem Zeitpunkt war der Greifvogel immer durch eine Schnur mit dem Falkner verbunden. Nun kann sich der Vogel frei bewegen, egal wohin er möchte. Ist die Beziehung zwischen Falkner und Greifvogel tragfähig wird der erste Flug wie geplant zum Handschuh des Falkners sein (vgl. Schöneberg, 2004, S. 177f).

6.3 Die Greifvögel für diese Facharbeit

Als Greifvögel für diese Facharbeit wurden zwei Tiere des Verfassers eingebunden, die speziell für diese Facharbeit neun Monate lang trainiert wurden.

Abbildung 3: Miakoda

Zum einen das dreijährige Harris Hawk Weibchen Miakoda aus der eigenen Zucht. Nach einjähriger Grundausbildung erschien Miakoda als tauglich für die Arbeit mit Kindern und Jugendlichen, da sie ein sehr ruhiger, verlässlicher und vertrauensvoller Greifvogel ist.

Die aus Amerika kommenden Harris Hawk sind sehr soziale Greifvögel die den Kontakt zum Falkner nahezu suchen und aus diesem Grund auch für die Arbeit in der tiergestützten Pädagogik als tauglich erscheinen (vgl. Schöneberg, 2004, S. 196f).

Zum anderen wurde der vierjährige Gerfalke Wotan gewählt, der vom Verfasser dieser Arbeit im Alter von acht Wochen in einer Falknerei gekauft wurde. Wotan ist in seinem Verhalten ein Gegensatz zu Miakoda, da er sehr meinungsstabil erscheint.

Aus zwanzigjähriger Erfahrung mit Greifvögeln erschien dem Verfasser dieser Facharbeit Wotan als tauglich, da bei ihm ohne eine große Portion Selbstbewusstsein und Vertrauen in sich selbst kein Arbeiten möglich ist.

Abbildung 4: Gerfalke Wotan

Die folgende Ausbildung des Greifvogels machen die Klienten und Klientinnen in der tiergestützten Pädagogik in den ersten zehn Einheiten durch: Der Greifvogel ist zwar schon auf den Falkner abgetragen, das heißt es besteht eine Beziehung zum Falkner, allerdings muss zwischen dem Klienten oder der Klientin und dem Greifvogel eine tragbare Beziehung aufgebaut werden. Wie dies vonstattengehen könnte, wird im nächsten Kapitel als praktischer Teil dieser Facharbeit beschrieben.

7. Tiergestützte Pädagogik mit dem Greifvogel

Als wesentlicher Teil dieser Arbeit wurde mit vier Klienten und Klientinnen ein praktischer Teil der tiergestützten Pädagogik durchgeführt. Vereinbart wurden zehn Einheiten tiergestützte Pädagogik mit dem Greifvogel zu je einer Stunde. Die Ziele der einzelnen Klienten und Klientinnen wurden gemeinsam mit den zuständigen Sozialarbeitern und Sozialarbeiterinnen, der Familie und den Klienten und Klientinnen definiert und wurden dem aktuellen Hilfeplan entnommen. Bei allen vier Klienten und Klientinnen wurde mit den zuständigen Familiensozialarbeitern die tiergestützte Pädagogik als Zusatz zur Sozialpädagogischen Familienbetreuung besprochen. Die vier Klienten und Klientinnen werden mit A, B, C, und D bezeichnet. Alle vier Klienten und Klientinnen werden im Rahmen der Mobilen Betreuung / Sozialpädagogischen Familienbetreuung betreut.

> „Dem Grad der Kindeswohlgefährdung entsprechend können grundsätzlich zwei Formen der Intervention gewährt werden. Kann der Kindeswohlgefährdung nicht anders als durch die Herausnahme des Kindes/Jugendlichen aus seinem/ihrem schädigendem Umfeld begegnet werden, wird eine Maßnahme der Vollen Erziehung gesetzt. Ist der Verbleib des/der Kindes/Jugendlichen in der Familie allerdings weiterhin verantwortbar, werden die Eltern im Rahmen einer Maßnahme der Unterstützung der Erziehung so weit unterstützt, dass sie ihre Erziehungsaufgaben ausreichend wahrnehmen können." (Richtlinien Land Oberösterreich Sozialpädagogische Familienbetreuung, Teil A, S.8).

Die erste Einheit wurde bei allen vier Klienten und Klientinnen zum Kennenlernen des Pädagogen, der Tiere und des Ablaufs der tiergestützten Pädagogik verwendet. Der Verfasser dieser Arbeit konnte in der ersten Einheit die Klienten und Klientinnen beobachten und eine eigene Anamnese erstellen, um den seiner Meinung nach passenden Vogel zu wählen und eine grobe Planung der nächsten Einheiten machen zu können, da die konkrete Planung sehr prozessorientiert stattfindet. Da die Greifvögel eigene Persönlichkeiten und Eigenheiten haben, ist es sehr wichtig den richtigen Vogel zu wählen.

Der Aufbau der weiteren Einheiten wurde unterteilt in eine Zeit des Ankommens, in dem die Klienten und Klientinnen aktuelle Themen ansprechen und sich für das bevorstehende freimachen konnten. Je nach Problemstellung und Verfassung wurden Methoden und Ziele der jeweiligen Einheit ausgewählt. Für den Transfer in den Alltag wurde Systemisches Fragen angewandt – eine Form der Hypothetischen Frage, die Feedforward Frage, eine Frageform die sich auf eine Situation in der Zukunft richtet. Zum Beispiel

„Was würde sich verändern, wenn du mit deiner Mutter so ruhig reden würdest wie mit dem Greifvogel?",

„Wie würden deine Mitschüler auf dich reagieren, wenn du den körperlichen Abstand zu ihnen so beobachtest und respektierst wie du das beim Greifvogel machst?" (vgl. Schlippe/Schweitzer, 2010, S. 57).

Die letzten Minuten der Einheit wurden für eine Fünf Finger Reflexion genutzt (vgl. Ebner, S. 4).

Nach der jeweiligen Einheit wurde vom Verfasser dieser Arbeit ein kurzer, selbst erstellter Beobachtungsbogen ausgefüllt. Nach Abschluss der gesamten zehn Einheiten wurde vom jeweiligen Betreuer der Klienten und Klientinnen ein Leitfadeninterview mit sieben Fragen durchgeführt.

Als Orte für die Settings wurden der Garten und die Volierenanlage des Verfassers ausgewählt. Stefan Igelhaut (2006, S. 77f) beschreibt die Arbeit auf Schulbauernhöfen. Er schreibt, dass tiergestützte Arbeit überall stattfinden kann, das Tier kommt zum Klienten beziehungsweise der Klientin oder umgekehrt. Die Vorteile, die für diese Facharbeit gesehen wurden:

- Die Klienten und Klientinnen sind aus ihrem gewohnten Umfeld herausgekommen.
- Sie hatten die Möglichkeit, die Gehege und Volieren der Greifvögel selbst anzusehen.
- Sie konnten die Fütterung selbst mitgestalten.
- Sie beobachteten verschiedenste Küken beim Schlupf in einem Brutapparat.
- Die Greifvögel wurden keinem stressigen Transport ausgesetzt und verblieben in ihrem gewohnten Umfeld.

Anhand der Dokumentation des Verlaufs von Klient D wird beschrieben, wie eine Tiergestützte Pädagogik mit dem Greifvogel funktionieren könnte.

An dieser Stelle wird darauf hingewiesen, dass die Beobachtungen in der ersten Einheit subjektive Wahrnehmungen, Annahmen und Hypothesen des Verfassers sind. Die jeweilige IST Situation und die Ziele wurden in Übereinstimmung mit den Familiensozialarbeitern und Familiensozialarbeiterinnen, der Familie und den

Klienten und Klientinnen besprochen und definiert. Um über die im Betreuungsverlauf beteiligten Personen eine Übersicht zu gewährleisten, wird der Klient als D bezeichnet, der Verfasser dieser Arbeit als Pädagoge (tiergestützter Pädagoge) und der im Rahmen der mobilen Betreuung beteiligte Betreuer als Betreuer beziehungsweise Betreuerin.

7.1 Beschreibung eines Betreuungsverlaufes

D: Acht Jahre alt.

Hauptproblematiken:

- Chefrolle in der Familie. Durch seine Religion und einer traditionell-patriarchalischen Orientierung sowie den Verlust des Vaters übernimmt D die Rolle des Mannes im Haus. Seine Mutter steht in der Familienhierarchie an letzter Stelle.
- mangelnde Konzentration und Aggression in Überforderungssituationen. D kommt durch den Druck, den er sich selbst als sogenannter Chef in der Familie macht, sehr schnell in eine Überforderung. Durch die vielen Situationen, die er glaubt meistern zu müssen, leidet seine Konzentrationsfähigkeit.

Aus den Problematiken ergeben sich für den Verfasser dieser Arbeit folgende Ziele als realistisch:

- Aufgabe der Chefposition und Einnahme der Kindposition – D soll lernen, wieder Kind sein zu können.
- Wertschätzender Umgang mit anderen.
- Adäquater Umgang in Überforderungssituationen.
- Stärkung der Konzentrationsfähigkeit.

Beobachtungen des Verfassers dieser Arbeit in der ersten Einheit: Als Methoden werden dazu die Brückenmethode und die Hortmethode angewandt (vgl. Otterstedt, 2007, S. 349ff).

Während der Begrüßung, der Führung durch die Anlage und des theoretischen Teils zur Arbeit mit Greifvögeln ist D sehr unruhig, laut, leicht genervt, gereizt und gelangweilt. Es scheint, als würde er seine Unsicherheit bezüglich der neuen Situation dadurch überspielen wollen. D konzentriert sich nicht auf die Aufgaben, die gestellt werden. Als nächster Schritt wird Mia aus der Reckkammer geholt und auf einen Sprenkel gesetzt. Der Sprenkel dient Mia als sogenannter Hort, sprich vertraute Umgebung in die sie sich zurückziehen kann (vgl. Otterstedt, 2007, S. 349). Das Verhalten von D orientiert sich sofort an der Ruhe des Vogels und es schlägt in ein ruhiges, hoch konzentriertes um. Die Regelkarten werden herangezogen und besprochen, und D hält sich daran. Um einen ersten Kontakt herzustellen, bekommt D eine Feder als Brücke und soll damit die Brust von Mia streicheln. Die Aufgabe ist dabei, auf das Tier zu schauen. Nicht zu viel Druck, nicht zu viel Nähe. Bei einer Veränderung im Verhalten des Vogels soll D sich sofort zurückziehen. Gleichzeitig soll D mit ruhiger Stimme kommunizieren, um Mia so Sicherheit geben (vgl. Otterstedt, 2007, S. 351ff).

Reflexion und Transfer in den Alltag: Im Anschluss wird diese Übung mit D reflektiert und es werden Parallelen zum Alltag gesucht. Sehr schnell wird D bewusst, dass sich diese Übung auch mit Mitschülern vergleichen lässt. D meint, dass er versuchen möchte, auf das Verhalten der Mitschüler zu achten und beim nächsten Termin eine kurze Rückmeldung darüber geben möchte. Als Abschluss dieser Einheit darf D in das Gehege der Harris Hawk und den Horst - so wird das Greifvogelnest genannt - in dem 4 Eier liegen, besichtigen.

Der zweite Termin steht im Zeichen von Sozialem Lernen. D soll seiner Betreuerin und einem fremden Mädchen den Umgang und die Regeln bei der Arbeit mit Greifvögeln näherbringen. Die Betreuerin hat sich absichtlich alle Regeln mehrmals erklären lassen, mit dem Gedanken, dass D sich länger konzentrieren muss und die Situation dabei trotzdem wertschätzend bleibt.

Als Methoden werden die Brückenmethode und die Hortmethode benutzt (vgl. Otterstedt, 2007, S. 349ff). Von Beginn an ist bemerkbar, dass D seine Emotionen und Gefühle heute nicht im Griff hat. D ist sehr aufgekratzt, kann sich nicht an die Regeln und Anweisungen halten und kommuniziert nicht mit Mia. Die Folge daraus ist, dass auch Mia verweigert und D den Rücken zudreht. Die Frustration wird immer größer. Kurz vor einem Emotionsausbruch zum Ende der Einheit sieht D selbst den Fehler in seinem Verhalten und versucht, ruhig und mit leisen Worten auf Mia zuzugehen, die zu seiner Überraschung ohne Probleme auf seinen Handschuh übersteigt und einen Leckerbissen als Belohnung annimmt. Auf diese für D völlig überraschende Reaktion von Mia meint D spontan – „ob das mit Menschen auch funktioniert".

Reflexion und Transfer: Es wird mit D besprochen, wie er aus einer Eskalation mit Mitschülern oder Eltern, durch eine Veränderung seines Verhaltens, eventuell aussteigen könnte. D wird an die Übung der letzten Einheit erinnert. Er gibt zu, dass er an das Verhalten vom vorigen Termin nicht mehr gedacht hat und dieses auch in Umgang mit anderen nicht ausprobiert hat, dies aber ab jetzt wirklich versuchen möchte.

Bei Termin drei kommt D mit seinem zweiten Betreuer. D möchte ihm erklären, wie er sich in der Nähe des Greifvogels verhalten soll. D wirkt heute wesentlich ruhiger als die letzten Termine, nimmt Rücksicht auf den Vogel, auf den Betreuer und den Pädagogen. Das Ziel für diese Einheit kommt somit aus dem Verhalten von D selbst, Rücksichtnahme auf andere, sich für andere zurücknehmen und Soziales Lernen – anderen Personen seine Erfahrungen weitergeben. In dieser Einheit soll er dahingehend gestärkt werden. Als Methode werden die Hortmethode, die Brückenmethode bei der Jungvogelfütterung und die Methode der freien Begegnung angewandt (vgl. Otterstedt, 2007, S. 345ff).

Nachdem D seine Kenntnisse über die Falknerei und den Umgang mit dem Vogel sehr detailliert mitgeteilt hat, spricht er auch an, was sich in seinem Verhalten anderen gegenüber verändert hat. Bei einem Streit mit seiner Mutter hat er versucht „genauso wie bei Mia" auf sein Gegenüber zu achten. Er war sehr überrascht, dass der Streit friedlich beendet wurde. Nachdem D Mia einige Male auf seinen Handschuh übersteigen lassen durfte, kommt eine Überraschung. D darf einen jungen Turmfalken mit der Pinzette füttern. Die Herausforderung hierbei ist zum einen, der Pinzettengriff, zum anderen mit dem Jungvogel so zu kommunizieren, dass dieser das Futter auch annimmt und nicht wegläuft. Als Methode wird dabei die Methode der freien Begegnung herangezogen, sprich der Vogel könnte jederzeit von D weg (vgl. Otterstedt, 2007,S. 345ff).

Abbildung 5: Pinzettengriff bei einer Waldkauzfütterung

D ist sehr konzentriert bei der Sache, möchte allerdings dem Vogel das Futter aufdrängen anstatt ihn zu locken und seinen Abstand zu respektieren. Es dauert etwa zehn Minuten bis D in seinem Verhalten etwas ändert und auf den Vogel eingeht.

Reflexion und Transfer: Angesprochen auf sein Verhalten und wie er sich bei der Fütterung des Jungvogels gefühlt hat, sagt D, dass er geglaubt hat, dass der Vogel wissen muss, dass er der Chef ist und fressen muss. Das hat allerdings nicht funktioniert und dann hat er es mit „lieb sein" probiert. Erinnert an Alltagssituationen in seiner Familie beschreibt er, dass ihm dazu Streitigkeiten mit seiner Mama einfallen, wenn er ihr sagt, was zu tun ist. Er soll bis zum nächsten Termin bewusst darauf achten, wie er mit seiner Familie und den Leuten in seinem Umfeld umgeht und dies in der nächsten Betreuungseinheit besprechen.

Bei Termin vier ist als Ziel die Festigung des bisher Gelernten geplant, um eine Transfersicherung zu erlangen. Gearbeitet wird mit der Hortmethode (vgl. Otterstedt, 2007, S. 347ff). D soll selbstständig Kontakt zu Mia aufnehmen. Er ist im Umgang mit Mia sehr respektvoll und spricht während der ganzen Einheit in einer ruhigen Tonlage mit ihr. Mia nimmt die Leckerbissen von seiner Hand und atzt (frisst) auf dem Handschuh.

Abbildung 6: Brustkraulen bei Miakoda

Sie lässt sich die Brust und den Kopf von D kraulen, was auf eine sehr gute Kommunikationsqualität und eine ausgeglichene Stimmungslage von D schließen lässt. Er erklärt fortwährend die Schritte, wie er vorgehen wird. Im Gespräch mit Mia erzählt D, dass sich sein Verhalten in der Familie und der Schule sehr gebessert hat und er von allen gelobt wird.

Damit D selbst erfassen kann, wie er auf andere wirken kann, wird mit ihm eine Übung, die sich „groß und klein" nennt, durchgeführt (vgl. Otterstedt, 2007, S. 376).

D soll sich dabei vor Mia ganz klein machen und auf ihre Reaktion achten. Im zweiten Schritt soll er sich ganz groß aufrichten und Mia von oben herab ansehen und nahe an sie herantreten. D ist sehr überrascht das Mia ihn als er sich klein gemacht hat interessiert angesehen hat, als er sich aufgerichtet hat mit sofortigem Rückzug reagiert hat.

Reflexion und Transfer: Bei der abschließenden Reflexion der Einheit ist D sehr nachdenklich. Er meint, dass er bei der Übung ja immer er selbst war, warum war Mia am Anfang interessiert und danach im Rückzug.

Im Gespräch meint er, dass dies auf Klassenkameraden auch zutrifft. Einen Tag sind sie sehr freundlich zu ihm und auf einmal sehr zurückhaltend. D möchte das Verhalten, das er hat, bewusst beobachten.

Zu einem großen Rückschritt kommt es bei Termin fünf. Heute wäre als Methode die freie Begegnung geplant gewesen. Mia hätte von sich aus zu D fliegen sollen. D kommt jedoch total verschlossen, nachdenklich und verweigernd zum Termin sodass eine Planänderung der Einheit vorgenommen wird. Es wird D angeboten, sich zu Mia zu setzen und gemeinsam mit ihr nachzudenken. D spricht zuerst nicht mit Mia und sitzt einfach nur da. Dies hat zur Folge, dass ihn der Greifvogel ignoriert und ihm den Rücken zudreht. Nach kurzer Zeit beginnt D mit Mia zu kommunizieren und spricht leise mit ihr. Am Ende der Einheit berichtet D kurz, dass es Probleme in der Schule gegeben hat und er wieder falsch reagiert hat. Er möchte in Zukunft wieder mehr an die Arbeit mit Mia denken und so handeln, wie er es mit Mia gelernt hat.

Reflexion und Transfer: Das Problem, dass in der Schule aufgetreten ist möchte D nicht besprechen. Er ist ratlos, weil er nicht weiß, wie er sich in Situationen, in denen eine Eskalation droht, an Mia erinnern soll. D bekommt eine kleine Eulenfigur, die er in der Hosentasche immer bei sich haben kann. Diese soll er mit dem Gelernten von Mia verbinden. Für den nächsten Termin planen wir gemeinsam eine Vertrauensübung. Mia soll selbstständig zu D fliegen. D freut sich sehr auf die nächste Einheit.

Der sechste Termin soll D zeigen, wie viel Vertrauen Mia bereits in ihn hat. Als Methode wird die Präsenz Methode angewandt. Ziel bei diesem Termin ist es, den wertschätzenden Umgang mit anderen Lebewesen zu trainieren. Da es vor dem letzten Termin in der Schule zu Problemen gekommen ist, scheint dies als im

Vordergrund stehendes Ziel. D kommt sehr freudig und mit großen Erwartungen zum Termin. In der Familie und in der Schule gab es seit dem letzten Termin keine Schwierigkeiten mehr. Seitens der Betreuer wird berichtet, dass sich D´s Verhalten sehr zum Positiven verändert hat.

D versucht, dass Mia aus freien Stücken auf die Faust kommt. Besonders wichtig ist hier die Kommunikation mit dem Vogel.

D ruft Mia aus einer Entfernung von zwei Metern. Anfangs noch ein wenig unsicher. Mit zunehmender Sicherheit reagiert Mia und reitet schließlich auf die Faust von D bei.

Reflexion und Transfer: D selbst spricht von einem unvergesslichen Erlebnis. Bei der Reflexion wird ihm bewusst, dass sein Verhalten und seine Kommunikation zusammenspielen müssen und sich das auf das Verhalten von anderen auswirkt.

Als Ziel bei Termin sieben soll an der Frustrationsgrenze von D gearbeitet werden. Er selbst sagt des Öfteren, dass er, wenn er etwas nicht bekommt oder nicht nach seinem Kopf geht, sehr schnell die Kontrolle verliert. Als Methoden werden die Hortmethode bei der Arbeit mit Wotan (vgl. Otterstedt, 2007, S. 347f), die Brückenmethode bei der Jungvogelfütterung (vgl. Otterstedt, 2007, S.351f) und die Methode der freien Begegnung mit Mia (vgl. Otterstedt, 2007 S. 345f) verwendet.

Als erstes soll D einen jungen Turmfalken füttern. Dieser ist erst am vergangenen Tag eingetroffen und noch sehr scheu. Besonders wichtig sind hier sehr viel Einfühlungsvermögen und eine richtige Distanz zum Vogel damit er das Futter annimmt und seine Scheu allmählich verliert. D nimmt das Futter mit der Pinzette und fährt ohne Vorwarnung und ohne den Vogel anzusprechen in das künstliche Nest. Der Vogel beginnt zu schreien und zieht sich zurück. D ist total irritiert und versucht es gleich noch einige Male mit demselben Ergebnis. Er beginnt den Vogel anzuschreien und das Futter umzuschmeißen. Der Pädagoge greift in die Situation ein und spricht D auf sein Verhalten an. D wird ruhig und geht in sich, er spielt in der Hosentasche mit seiner Eulenfigur, die er bei Termin fünf bekommen hat, um sich an das Gelernte zu erinnern. Er unternimmt einen neuen Versuch. Diesmal beobachtet D genau, wie sich der Vogel verhält und fährt ganz langsam mit der Pinzette zum Vogel. Zusätzlich macht er leise Pfeiflaute. Der Vogel ist anfangs noch misstrauisch, nimmt dann aber das Futter. D füttert ihn bis er nichts mehr möchte und erklärt mir dann, dass er denn Fehler, den er gemacht hat, jetzt verstanden hat. Er wollte dem Vogel seinen Willen aufzwingen.

Die nächste Steigerung findet bei Wotan statt. Aus Erfahrungen weiß der Pädagoge, dass Wotan nur dann mitarbeitet, wenn man klar ist in seinen Anweisungen und ihn respektiert beziehungsweise auf gleicher Augenhöhe mit ihm kommuniziert.

Er lässt sich nichts aufzwingen und reagiert auf Druck mit Verweigerung. D wird angewiesen zum Sprenkel von Wotan zu gehen und ihn zu füttern. D geht langsam auf Wotan zu und spricht leise mit ihm. Er hält ihm die Faust mit dem Leckerbissen hin und bleibt bei einem Rückzug des Vogels sofort stehen. Einige Minuten darauf springt Wotan auf die Faust von D und nimmt sich seinen Leckerbissen.

Abbildung 7: Gerfalke Wotan beim Beireiten

Trotz der klaren Regel, Wotan nicht zu berühren, da es der Vogel nicht möchte, greift D auf die Brust von Wotan. Dieser wehrt die Hand mit dem Schnabel ab und springt in seinen „Hort". D kommt mit schuldbewusstem Blick zurück zum Betreuer und den Pädagogen und erklärt, dass er bewusst gegen die Regel verstoßen hat, weil er seinen Willen durchsetzen wollte, um den Vogel zu berühren.

Als letzte Übung, um die Einheit positiv abzuschließen, darf D zu Mia. D gibt ihr verbal und nonverbal klar zu verstehen, dass sie auf eine Entfernung von drei Metern auf seine Faust fliegen darf.

Reflexion und Transfer: Auf das Verhalten beim Jungvogel füttern angesprochen bemerkt D von sich aus, dass er dasselbe Gefühl im Bauch hatte, welches er auch beim Spielen hat, wenn er verliert oder etwas gespielt wird, das er nicht möchte.

Er beginnt dann auch zu schreien und Dinge durch die Gegend zu werfen. Dasselbe gilt bei Verstößen gegen Regeln.

Er weiß, dass er es nicht machen darf, aber er kann sich dabei nicht zurückhalten. Seit er die Eulenfigur hat, fällt ihm aber in solchen Situationen das Zurücknehmen leichter.

D wirkt nach dieser Einheit besonders müde. Darauf Angesprochen sagt er, dass es heute besonders anstrengend war. Am anstrengendsten war, dass er immer auf das Verhalten der Vögel schauen musste und nicht einfach tun konnte, was er möchte.

Seitens D´s Betreuers wird berichtet, dass es seit dem letzten Termin keine Eskalation mehr gegeben hat und es von Familie und Schule nur Positives zu berichten gibt.

Termin acht wird für einen Spaziergang mit Mia genutzt. Die Schwierigkeit dabei ist, dass ganz genau auf den Vogel geachtet werden muss, da er auf der Faust steht. Dabei soll der Arm so gut wie möglich gerade gehalten werden, der Vogel immer so gedreht werden, dass er keinen Wind unter die Flügel bekommt, da Mia sonst nicht auf den Handschuh sitzen bleiben kann und abspringen wird. Weiters muss der Vogel bei Störfaktoren wie anderen Spaziergängern, Hunden etc. beruhigt werden. Ziel ist, dass sich D in dieser Einheit gezielt auf den Vogel konzentrieren und seine eigenen Bedürfnisse zurückstellen muss. Er muss auch versuchen, alle anderen Einflüsse auszublenden. Als Methode wird hier die Präsenzmethode (vgl. Otterstedt, 2007, S. 354f) verwendet.

Als D ankommt, ist er voller Euphorie. Seine Mutter hat ihm zwei Zwerghasen gekauft, weil er sich aufgrund der Arbeit mit Tieren so verändert hat. Auf den Vorschlag, in dieser Einheit spazieren zu gehen, reagiert er zuerst einmal ziemlich irritiert. Er befürchtet, dass ihm Mia zu schwer wird und er das nicht schaffen kann. Es wird eine realistisch erscheinende Strecke besprochen. Er holt Mia von ihrem Sprenkel und spricht leise mit ihr. D wirkt sehr konzentriert. D hält sich während des Spaziergangs an alle Regeln und versucht, bestmöglich auf Mia einzugehen. Kurz vor dem Ende bekommt er Schmerzen im Oberarm möchte jedoch die Strecke bis zum Schluss schaffen und sammelt noch einmal alle Energie. Am Ziel angekommen ist D sehr stolz auf sich.

Reflexion und Transfer:

D ist der Meinung, dass die Strecke nur zu schaffen war, weil er sich an die Regeln gehalten hat und auf Mia geachtet hat. In der Schule schafft er zurzeit ebenfalls alles, weil er sich an die Vorgaben der Lehrer hält und bei den Freunden versucht, nicht im Mittelpunkt zu stehen.

Genau zum Termin neun schlüpfen im Brutapparat Küken. D ist sofort begeistert und vom Brutapparat nicht mehr wegzubringen. Er begrüßt Mia nur kurz aber respektvoll und begibt sich sofort wieder zum Brutapparat, wo er das Glück hat, ein Küken direkt beim Ausschlüpfen zu beobachten. Als Ziel wird angesichts der Situation heute das Thema Familie – welche Rolle habe ich – angestrebt. Es werden Familiensysteme durchgesprochen. D ist der Meinung, dass es zwar schön ist, den Küken zuzusehen, aber dass sie keine Mama an ihrer Seite haben findet er schlimm. Denn wenn die Küken hier sind, wer steht dann der Henne zur Seite, hilft ihr, unterstützt sie und sagt ihr, was sie zu tun hat?

Es wird mit D besprochen, dass dies nicht die Aufgabe von Kindern ist. Da das Thema D so fesselt, wird die Einheit verlängert und es wird aufgezeigt, welche Rolle Kinder haben und was Eltern zu leisten haben. D ist ziemlich durcheinander. Die Betreuerin von D wird das Thema im Anschluss noch gemeinsam mit der Mutter von D besprechen.

Reflexion und Transfer werden bei dieser Einheit nicht gesondert durchgeführt, da die gesamte Einheit Reflexion über die Rolle des Kindes und der Erwachsenen war.

Die zehnte Einheit wird für einen Abschied genutzt. D darf ein Plakat basteln, mit Fotos der Einheiten sowie Federn von den Greifvögeln und aufschreiben, was er sich aus den Einheiten mitnimmt. Er wirkt heute sehr weinerlich, da er Mia und die anderen Tiere heute zum letzten Mal sieht. Angesprochen auf den letzten Termin teilt D mit, dass er ein paar Mal mit seiner Mutter über die „Rolle Kind" gesprochen hat. Er versteht jetzt, warum er und seine Mutter oft gestritten haben. Er möchte versuchen, auch wenn er der Mann im Haus ist, zu akzeptieren was seine Mama sagt. Als Abschluss werden die Highlights der Einheiten noch einmal angesprochen.

Fazit:

D ist als sehr meinungsstabile Persönlichkeit in die erste Einheit gekommen. Wie es anderen Lebewesen mit seinem Verhalten ergangen ist, war ihm nicht bewusst. Durch die Arbeit mit Mia hat D ein Bewusstsein dafür entwickeln können, wie er auf andere wirkt und wie er selbst Situationen beruhigen kann. Um den Transfer aus den tiergestützten Einheiten aufrechtzuerhalten hat D Zwergkaninchen bekommen. Für diese muss er selbst die Verantwortung übernehmen. Die SFB konnte zwei Monate nach der tiergestützten Pädagogik beendet werden.

In den folgenden drei Unterkapiteln werden ausschließlich die Veränderungen der restlichen drei Klienten und Klientinnen aus dem Verlauf der zehn Einheiten dokumentiert und es wird nicht mehr detailliert auf jede Einheit eingegangen.

7.2 Klient A

A: ist siebzehn Jahre alt.

A ist ein sehr zurückgezogener Jugendlicher. Die Familie, in der es noch einen Bruder gibt, ist sehr religiös und lebt zum Großteil von Selbstversorgung aus dem eigenen Garten. Handys und andere Unterhaltungsmedien sind sehr verpönt in der Familie, was zur Folge hatte, dass A im Gymnasium gemobbt wurde. Er zog sich immer mehr zurück und unternahm einen Suizidversuch. Nach einem psychiatrischen Aufenthalt war die installierte SFB angehalten, A bei der Suche nach dem Sinn des Lebens zu unterstützen. Dies gestaltete sich als schwierig, da A sehr schwer zu motivieren ist, sehr lange Zeit benötigt, um Vertrauen aufzubauen und sehr große Probleme mit seinem Selbstwert hat. Er selbst sagt, dass er nichts mit sich anzufangen weiß. Auf der einen Seite möchte er arbeiten, kann sich aber nicht dazu aufraffen, eine Arbeitsstelle zu suchen beziehungsweise diese Arbeit dann auch zu machen. Gerne würde er mit einem Greifvogel arbeiten. Diese Tiere sind für ihn der Inbegriff von Freiheit, Stärke und Ausdauer.

Hauptproblematiken:

- A machte schon einen Suizidversuch
- hat große Selbstwertprobleme
- ist besonders schwierig zu motivieren

Aus den Problematiken ergeben sich für den Verfasser dieser Arbeit folgende Ziele als realistisch:

- Verantwortung für ein Lebewesen übernehmen
- Selbst motivieren um Termine einzuhalten
- Selbsterkenntnis – wie wirke ich auf andere

Der Aufbau einer Betreuungsbeziehung funktioniert bei A sehr zügig. Er ist sehr wissbegierig in der Arbeit mit dem Greifvogel. Aufgrund seines Alters kann nach einer Anfangsphase mit dem Harris Hawk Mia rasch auf den anspruchsvolleren Gerfalken Wotan gewechselt werden. In den ersten beiden Einheiten wird anhand der Brücken Methode (vgl. Otterstedt, 2007, S.351f), und der Hortmethode (vgl. Otterstedt, 2007, S. 347f), die Arbeit mit dem Greifvogel besprochen und geübt. A geht alles zu langsam. Er wirkt übermotiviert. Daher wird vom Pädagogen entschieden, auf Wotan umzusteigen. Bereits in der dritten Einheit wird begonnen mit Wotan anhand der Hortmethode (vgl. Otterstedt, 2007, S. 347f) zu arbeiten. A soll Wotan motivieren, sein Futter auf der Faust von ihm abzuholen, also ihn beireiten zu lassen. A möchte das ihn seiner gewohnt schnellen Art erledigen. Da seine Körperhaltung (kein Blickkontakt, keine klare Kommunikation) Wotan verunsichert dreht dieser sich um und reagiert nicht. Die Probleme werden mit A reflektiert, er ist aber der Meinung, dass er nichts falsch macht. Nachdem der Pädagoge Wotan zweimal beireiten lässt möchte A es nochmal versuchen und wirkt diesmal sehr entschlossen. A sitzt zwei Stunden vor dem Vogel und versucht ihn zu locken. Das Betreuerteam ist überrascht über die Ausdauer von A. Kurz bevor entschieden wird die Einheit abzubrechen, kommt Wotan zu A. Er ist begeistert, dass er endlich einmal „etwas geschafft hat". Auf die Frage, ob er weiß wie viel Zeit vergangen ist, reagiert er überrascht. Die Zeit ist wie im Flug vergangen meint er. Bei den nächsten Terminen wird A die gesamte Verantwortung für Wotan überlassen. Den Vogel holen, füttern und für die Arbeit fertigmachen. All diese Tätigkeiten gehen A wie von selbst von der Hand und er wird immer sicherer im Umgang mit Wotan. Die Tätigkeiten sind sehr gut strukturiert und durchdacht. Bei jeder Einheit wird A die Möglichkeit geboten, seine Seele bei Wotan zu erleichtern und über seine Probleme zu sprechen. In Einheit acht sind die Betreuer und der Pädagoge begeistert, da A und Wotan wie eine Einheit wirken, jedoch kommt von A der Satz „ich mache irgendetwas falsch, mir kommt vor, der Vogel fadisiert sich und es passiert nichts Spektakuläres". Bei der Reflexion wird A erklärt, dass er mit dem Vogel sehr gut arbeitet und er absolut nichts falsch macht. A wird gefragt ob, es sein Eindruck ist, dass sich der Vogel fadisiert oder ob er am Vogel irgendetwas bemerkt habe. Gemeinsam kommen der Pädagoge und A zu der Einsicht, dass A das Verhalten des anderen Lebewesens falsch interpretiert haben könnte, beziehungsweise Erfahrungen, die A früher gemacht hat, im Verhalten von Wotan gesehen haben könnte. A bringt einige Beispiele aus der letzten Zeit, in denen Leute nicht so reagiert haben, wie A es vorausgesehen hat.

Zusammengefasst ist nach diesen zehn Einheiten der Eindruck entstanden, dass A das selbstständige Arbeiten mit Wotan und die Gestaltung einer eigenen Struktur sehr motiviert haben, die Termine einzuhalten. Die Verantwortung für ein anderes Lebewesen zu übernehmen war laut A eine neue, aber sehr schöne Erfahrung, die er sich für die Zukunft mitnehmen möchte. Als Transfer in seine Lebenssituation nimmt er sich mit, dass er das Verhalten anderer nicht sofort interpretieren wird, sondern bei Unklarheiten diese anspricht, anstatt auf eine Reaktion zu warten.

7.3 Klient B

B: dreizehn Jahre alt.

B und ihr um fünf Jahre älterer Bruder wurden von der Mutter verlassen und leben beim Vater. B muss sich selbst katheterisieren. Dies funktioniert nicht immer optimal, wodurch sie in der Schule manchmal Ausgrenzung erleben muss. Dies ist vermutlich ein Grund für den schlechten Selbstwert von B. Sie gibt selbst an, dass sie es als sehr großes Problem sieht, dass sie nicht sagen kann, wenn sie etwas nicht möchte. Vom Vater bekommt sie keine Unterstützung in dieser Hinsicht. Seitens der Schule wird rückgemeldet das B sehr abwesend, desinteressiert und unmotiviert ist.

Hauptproblematiken:

- B hat einen sehr niedrigen Selbstwert
- Lernschwächen
- große Probleme sich abzugrenzen

Aus den Problematiken ergeben sich für den Verfasser dieser Arbeit folgende Ziele als realistisch:

- Selbstwertstärkung
- Soziales Lernen
- Lernt sich anderen gegenüber abzugrenzen

B kommt zu den ersten Terminen sehr motiviert und freudig. Eine Zurückhaltung bei der Arbeit mit dem Greifvogel ist spürbar und sie gibt des Öfteren an, etwas Zeit zu brauchen, um Vertrauen aufzubauen. Nach den ersten drei Terminen ist ersichtlich, dass sich B für die Hasen und Küken mehr interessiert als für Mia und die anderen Greifvögel. Nach Rücksprache mit dem Betreuerteam von B wird beschlossen, die tiergestützte Pädagogik noch nicht abzubrechen, da B angibt, alles sei in Ordnung. Es werden allerdings keinerlei Verbesserungen in ihrem Verhalten bemerkt. Auch wird sie immer zurückhaltender. Bei Termin fünf wird B der Greifvogel Mia auf den Arm gesetzt. Bemerkbar ist, dass sich ihr Körper versteift, sie das Atmen vergisst und sie den Vogel sehr schnell wieder absetzen möchte. Mia zeigt ein sehr angespanntes Verhalten, was auf die Reaktion von B zurückzuführen ist. B gibt es nicht zu, aber sie hat große Angst. Auf die Frage ob sie aufhören möchte, antwortet sie mit „nein, es ist alles in Ordnung". Parallelen zu ihrem Alltag mit Familie, Freunden und Schule findet B keine. Das Betreuerteam sieht jedoch Parallelen zum Alltag. B kann nicht sagen, wenn sie etwas nicht möchte. Zu Beginn der sechsten Einheit steht für Pädagogen und Betreuer fest, dass die tiergestützte Pädagogik mit dem Greifvogel definitiv nichts für B ist. Es wird beschlossen, einen letzten Versuch zu starten. Begonnen wird mit dem Füttern von Mia. Dazu wird die Brückenmethode (vgl. Otterstedt, 2007, S.351f) benutzt. Wie auch bei den vorangegangenen Terminen funktioniert dies problemlos. Als nächstes ist ein Spaziergang mit Mia geplant. Methode hier ist die Präsenzmethode (vgl. Otterstedt, 2007, S. 354f). Der Pädagoge kommt mit Mia auf B zu, diese versteift sich und sagt „ich habe Angst, ich möchte das nicht mehr". Mia wird sofort weggebracht und die Situation mit B reflektiert. B ist sehr enttäuscht. Eigentlich macht ihr die Arbeit mit Tieren sehr viel Spaß. Doch jetzt hat sie „Nein" gesagt, also ist alles aus und sie hat versagt. Sie sieht es als Fehler „Nein" zu sagen. Vom Pädagogen bekommt B das Feedback das sie perfekt reagiert hat. Sie hat den Mut gefunden, „Nein" zu sagen. Dies ist ein sehr großer Fortschritt, der größte während der gesamten letzten Einheiten. Als Transfer werden Situationen besprochen in denen B gern „Nein" sagen würde, sich das aber nicht traut. Als Transfersicherung wird B die Aufgabe gegeben, in Familie, Schule und bei Freunden bewusst „Nein" zu sagen und das in der nächsten Einheit anzusprechen. Für die nächsten Einheiten werden nur Übungen mit der Brückenmethode (vgl. Otterstedt, 2007, S.351f) geplant. Bei den weiteren Einheiten wird mit B das „Nein" sagen geübt. Sie reflektiert laufend, in welchen Situationen ihr dies leicht gefallen ist und in welchen sie es nicht konnte.

Bei B wurde in den zehn Einheiten keines der gesetzten Ziele erreicht. Allerdings konnte ihr Selbstwert in Bezug auf das „Nein" sagen soweit gestärkt werden, dass sie, wie sie selbst in der zehnten Einheit berichtete, in den meisten Situationen den Mut aufgebracht hatte, Situation oder Aufgaben die sie nicht mochte, abzulehnen.

7.4 Klient C

C: vierzehn Jahre alt.

C hat zwei jüngere Geschwister und eine ältere Schwester. Alle haben unterschiedliche Väter bei denen es problematische Besuchs- und Beziehungssituationen gibt. Die Mutter von C ist nicht in der Lage, ihrer Rolle als Mutter ganz gerecht zu werden, da sie keine Geduld und Energie aufbringen kann, um ihren Kindern Sicherheit zu geben und Grenzen zu setzen. C hat, nachdem ihre große Schwester ausgezogen ist, die Mutterrolle für ihre beiden jüngeren Halbgeschwister übernommen und das Vertrauen in die Erwachsenen verloren. Aus diesen Gründen wurde eine SFB installiert, welche die Rollen klären, die Mutter in ihrer Rolle stärken und C dabei unterstützen soll, ihr Leben als Jugendliche zu meistern.

Diese Zielsetzung wurde in Zusammenarbeit mit allen Familienmitgliedern ausgearbeitet. Die ersten Monate der Betreuung scheitern allerdings schon bei Beziehungsaufbau und einem Vertrauensaufbau zu den Betreuern. C spricht nichts und macht nur teilnahmslos mit. Daher soll mit Hilfe der tiergestützten Pädagogik versucht werden, einen positiven Beziehungsaufbau und eine positive Betreuungsbeziehung zu gestalten.

Hauptproblematiken:

- Beziehungsaufbau
- Bindungsschwierigkeiten

Aus den Problematiken ergeben sich für den Verfasser dieser Arbeit folgende Ziele als realistisch:

- Positiver Beziehungsaufbau
- Vertrauen zu den Betreuern und den Betreuerinnen aufbauen
- Stärkung des Selbstwertes

Der erste Termin soll zum Kennenlernen des Pädagogen und der Tiere dienen. C begrüßt den Pädagogen mit gesenktem Kopf und einem sehr einsilbigen und demotivierten Hallo. Die Führung durch die Anlage ist durch ein karges „Ja" und „Nein" Antworten geprägt. Als Abschluss wird Mia mit der Brückenmethode gefüttert (vgl. Otterstedt, 2007, S.351f). C hebt zum ersten Mal den Kopf und wirkt von Mia wie hypnotisiert. Mia beobachtet sehr genau und lädt C durch Lockrufe zum Arbeiten ein. C verabschiedet sich an diesem Tag und sieht dem Pädagogen dabei ins Gesicht. Sie möchte wiederkommen. Beim zweiten Termin erscheint C wie ausgewechselt. Sie grüßt den Pädagogen mit einem offenen Lächeln und redet über die Probleme und Highlights der vergangenen Woche. Das Betreuerteam spricht von einem totalen Umschwung in der Betreuung. C spricht, arbeitet mit und wirkt sehr motiviert. In den nächsten Einheiten wird sehr viel an der Kommunikation und dem Umgang mit anderen Lebewesen gearbeitet. Die Arbeit mit dem Vogel erinnert an das in der Literatur von Kotraschal (2014) erwähnte Kumpantier. Mia verstellt sich nicht und reagiert auf das Verhalten von C, die dies wiederrum sehr gut reflektieren kann. Durch die Beschäftigung mit dem Vogel, zu dem C eine sehr gute Beziehung aufbaut, spricht sie sehr viel über die Probleme, die sie beschäftigen. Auch in den Betreuungen der SFB kann durch Gespräche über Mia ein Zugang zu C gefunden werden und sie wird immer offener. Da die zehn Einheiten einen Umschwung in der Betreuung von C bedeutet haben, wird über eine Verlängerung der tiergestützten Pädagogik mit C nachgedacht. Auch von ihr selbst kommt der Wunsch, dass sie mehr mit Mia arbeiten möchte.

Die Einheiten mit den Kindern und Jugendlichen wurden in einem Leitfadeninterview noch einmal reflektiert. Aufgrund der Wortkargheit aller 4 Klienten wurde nicht der vom Verfasser erwartete Erfolg dabei erzielt. Die Auswertung und Ergebnisse dieser Befragung werden im nächsten Kapitel bearbeitet.

8. Leitfadeninterview

Um aufzuzeigen, wie die tiergestützte Pädagogik mit dem Greifvogel auf Kinder und Jugendliche wirkt und um festzustellen, auf welche Einflüsse sie reagieren, wurde am Ende der zehn Einheiten mit dem Greifvogel ein Leitfadeninterview durchgeführt. Die sieben Fragen, die gestellt werden, sollen die Gefühle und Erfahrungen der Kinder und Jugendlichen ersichtlich machen und einen eventuellen Transfer in Alltagssituationen aufzeigen. Die Interviews sind ein Beleg dafür, dass die Arbeit mit dem Greifvogel positive Aspekte hervorbringt. Eigene Hypothesen zur Beantwortung der Fragestellung werden gebildet.

8.1 Was ist ein Interview

Als Interview wird eine Interaktion zwischen zwei oder mehreren Personen bezeichnet, bei der es eine klare Rollenvergabe und einen festgesetzten Termin gibt. Die jeweilige Interviewtechnik hängt von den Informationen ab, die der Interviewer oder Forschende erhalten möchte. Für diese Arbeit wurde das sogenannte Leitfadeninterview herangezogen. Bei dieser Form wird durch speziell ausgearbeitete Fragen die Möglichkeit der Antworten begrenzt und so eine gewisse Struktur in das Interview gebracht. Voraussetzung für diese Interviewform sind Vorkenntnisse des Forschenden über das Forschungsgebiet beziehungsweise den Forschungsgegenstand. Auf Basis dieser Vorkenntnisse lassen sich die Fragen für das Interview ableiten.

Dem Befragten muss trotz der ausgearbeiteten Fragen der Raum für eigene Antworten gegeben werden (vgl. Friebertshäuser/Langer, 2013, S. 439ff).

Für diese Facharbeit wurden in Abstimmung mit der Fragestellung folgende sieben Fragen erarbeitet:

- Was hat dir bei der Arbeit mit dem Greifvogel am meisten gefallen, bzw. was macht die Arbeit mit dem Greifvogel so besonders?
- Was war besonders schwierig bei der Arbeit mit dem Greifvogel?
- An welches Ereignis oder Erlebnis erinnerst du dich besonders gerne zurück?
- Welche Gefühle hattest du bei Füttern des Greifvogels?
- Welche Gefühle hattest du beim Tragen des Vogels?
- Gibt es Erfahrungen, die du mit dem Greifvogel gemacht hast, die dich an Situationen in deinem Alltag erinnern, beispielsweise mit Eltern, Freunden, Lehrern,…?
- Was sind deine persönlichen Lernerfolge bzw. Lernerfahrungen?

Im nächsten Unterkapitel wird die Auswertungstechnik vorgestellt.

8.2 Auswertung

Die Auswertung der Interviews erfolgt nach einem schrittweisen Auswertungsverlauf, den Christiane Schmidt (vgl. Friebertshäuser/Langer/Prengel, 2013, S. 473) im Handbuch Qualitative Forschungsmethoden in der Erziehungswissenschaft beschreibt.

- Kategorienbildung am Material. Aufgrund der Tatsache, dass es noch keine theoretisch fundierten Belege für die tiergestützte Pädagogik mit dem Greifvogel gibt, wird die Auswertung anhand der technischen Offenheit vorgenommen. Die Kategorien können dabei nicht vor den Interviews festgelegt werden, sondern ergeben sich aus dem Material der Interviews. Die Kategorien werden anhand des Sinngehaltes der Antworten gebildet und nicht vorschnell vom Auswerter oder der Auswerterin eingeordnet (vgl. Friebertshäuser/Langer/Prengel, 2013, S. 474).
- Schritt eins der Auswertung ist die Entwicklung der Auswertungskriterien anhand des zur Verfügung stehenden Materials. Bei einer intensiven Auseinandersetzung mit den transkribierten Interviews werden Themengebiete gekennzeichnet. Der Ausdrucksstil der Befragten Personen soll durch das mehrmalige Lesen verstanden werden und in einzelnen Überschriften gesammelt werden (vgl. Friebertshäuser/Langer/Prengel, 2013, S. 475).

Die Überschriften sind für die Auswertung dieser Interviews die Fragen die gestellt wurden. Diese Überschriften werden im Kapitel 9.3 noch einmal hinterlegt.

- Die Erstellung eines Auswertungsleitfadens wird als Schritt zwei der Auswertung stattfinden. Die im Schritt Eins entwickelten Auswertungskriterien werden in diesem Schritt beschrieben und zu einem Auswertungsleitfaden zusammengefasst. Für diese Facharbeit wird die zusammenfassende Interpretation verwendet. Es ist dies eine Zusammenfassung und Kürzung der transkribierten Interviews (vgl. Friebertshäuser/Langer/Prengel, 2013, S. 476f).
- Das Kodieren des gesammelten Materials durch den Einsatz des Auswertungsleitfadens ist der dritte Schritt. Alle Textstellen, die sich zu den oben entwickelten Themengebieten zuordnen lassen, werden gesammelt (vgl. Friebertshäuser/Langer/Prengel, 2013, S. 477f).

- Im vierten Schritt der Auswertung werden die kodierten Textpassagen in einer Tabelle als Gesamtübersicht der gesammelten Daten visualisiert. Diese Gesamtübersicht soll das gesammelte Material zum Zweck der Überprüfbarkeit offenlegen (vgl. Friebertshäuser/Langer/Prengel, 2013, S. 481f).
- Der fünfte und letzte Schritt ist die Vertiefende Fallinterpretation. In diesem Schritt werden anhand der Transkripte Antworten ermittelt, welche die Fragestellung beantworten sollen. Weiters können auch eigene Hypothesen erstellt werden, um neue Fragen zu finden, die vertiefend betrachtet werden können (vgl. Friebertshäuser/Langer/Prengel, 2013, S. 482ff). Dies geschieht nach der jeweiligen Auswertungstabelle in einer kurzen Zusammenfassung und Interpretation der kodierten Textpassagen.

8.3 Auswertungsleitfaden

In diesem Kapitel werden die sieben Überschriften des Auswertungsleitfadens gemeinsam mit dem Ziel beziehungsweise den Hintergedanken der Befragung vorgestellt.

- Was hat dir bei der Arbeit mit dem Greifvogel am meisten gefallen, bzw. was macht die Arbeit mit dem Greifvogel so besonders?
  Ziel dieser Frage: Die Besonderheiten der tiergestützten Pädagogik erfragen. Was unterscheidet den Greifvogel von anderen Tieren.
- Was war besonders schwierig bei der Arbeit mit dem Greifvogel?
  Ziel dieser Frage: Welche Situationen oder Aufgaben könnten anders aufgebaut werden.
- An welches Ereignis oder Erlebnis erinnerst du dich besonders gerne zurück?
  Ziel dieser Frage: Ähnlich wie bei Frage eins sollte hier hinterfragt werden welche Besonderheiten es in der Arbeit mit dem Greifvogel gibt.
- Welche Gefühle hattest du bei Füttern des Greifvogels?
  Ziel dieser Frage: Erkenntnis, welche Gefühle das Füttern des Greifvogels mit einem anderen (toten) Tier auslöst. Ist es sinnvoll, den Vogel in der tiergestützten Pädagogik zu füttern, oder löst der Anblick der toten Futtertiere Gefühle aus, die nicht förderlich sind?
- Welche Gefühle hattest du beim Tragen des Vogels?
  Ziel dieser Frage: Gibt es besondere Gefühlsregungen, welche die Nähe des Greifvogels auslöst.

- Gibt es Erfahrungen, die du mit dem Greifvogel gemacht hast, die dich an Situationen in deinem Alltag erinnern, beispielsweise mit Eltern, Freunden, Lehrern,...?
  Ziel dieser Frage: Ist ein Transfer der in der tiergestützten Pädagogik gemachten Erfahrungen gelungen.
- Was sind deine persönlichen Lernerfolge bzw. Lernerfahrungen?
  Ziel dieser Frage: Ist ein Transfer der in der tiergestützten Pädagogik gemachten Erfahrungen gelungen.

8.4 Ergebnisse

In diesem Unterkapitel werden die Ergebnisse der Kodierung in Tabellen zusammengefasst. Aus diesen Tabellen wird, dem Schritt fünf der Auswertung entsprechend, eine Zusammenfassung erstellt, in der auch Hypothesen aus den jeweiligen Antworten gebildet werden.

Frage Eins:

Was hat dir bei der Arbeit mit dem Greifvogel am meisten gefallen, bzw. was macht die Arbeit mit dem Greifvogel so besonders?

Ziel dieser Frage:

Die Besonderheiten der tiergestützten Pädagogik erfragen. Was unterscheidet den Greifvogel von anderen Tieren.

Fall	Zeile	Nr	Paraphrase	Generalisierung
A/01	8	1	„doss i einfoch obafohrn kennan hob"	Stressreduktion
A/01	8	2	„Aus´n Alltag mehr oder weniger außekomman bin."	Neue Lebenserfahrung, weg vom Alltag
A/01	8	3	„I anfoch ruhig wordn bin"	Stressreduktion
B/02	4	1	„Mit dem Greifvogel spazieren gehn."	Aktive Arbeit mit dem Vogel
B/02	10	2	„Eam füttern dearfn"	Aktive Arbeit mit dem Vogel
C/03	6	1	„beim ersten Moil traut hob, doss i´n trog"	Überwindung, Mut
C/03	14	2	„Doss i in trog oda fütta"	Aktive Arbeit mit dem Vogel
D/04	4	1	„Spazieren gehen"	Aktive Arbeit mit dem Vogel
D/04	4	2	„ihm gefüttert hab"	Aktive Arbeit mit dem Vogel

Zusammenfassung zu Frage Eins:

Betrachtet man die Antworten der Klienten und Klientinnen, scheint es, als wäre die körperliche Nähe zum Greifvogel, wenn man aktiv mit ihm arbeitet, etwas Besonderes. Beim Spazierengehen beispielsweise sitzt der Greifvogel auf der Faust des Klienten oder der Klientin und dieser muss auf alle Einflüsse von außen achten, um den Vogel nicht zu verunsichern. Gleichzeitig wird der Vogel durch streicheln der Brust beruhigt.

Auch das „herauskommen aus dem Alltag" wird als positiv erwähnt. Vermutlich wirkt die Veränderung des Umfelds positiv auf die Klienten und Klientinnen. Die erwähnte Stressreduktion lässt sich möglicherweise auf das Verhalten des Vogels zurückführen. Dieser nimmt den Klienten oder die Klientin so wie er oder sie ist und stellt keine Forderungen oder Erwartungen an diese.

Frage Zwei:

Was war besonders schwierig bei der Arbeit mit dem Greifvogel?

Ziel dieser Frage:

Welche Situationen oder Aufgaben könnten anders aufgebaut werden.

Fall	Zeile	Nr	Paraphrase	Generalisierung
A/01	10	1	„Schwierig konn i net sogn, doss irgendwos wor."	Keine Schwierigkeiten
A/01	10	2	„In Vogl, wonn a nimma wolln hot, vom Handschuach wieda aufa-, aufahebn. Oiso, wonn a oba,jo, mehr oder weniga gflogn is"	Eingehen auf andere Lebewesen
B/02	12	1	„Das Vatraun zu gewinnen"	Vertrauen in sich und andere
C/03	24	1	„Dass man schwara, wonn man gfüttat hot auf´n Orm kriagt hot"	Eingehen auf andere Lebewesen
D/04	6	1	„Ja, stillzu-ah, - stehen so-onst fliegt er weg"	Eingehen auf andere Lebewesen

Zusammenfassung zu Frage Zwei:

Die Antworten zu Frage zwei lassen darauf schließen, dass das Eingehen auf andere Lebewesen eine Herausforderung darstellt. Ein Greifvogel, der durch unaufmerksame, schnelle Bewegungen verunsichert wird, ist schwerer zu motivieren, wieder zu seinem Falkner zu kommen. Dass Vertrauen in sich, alles richtig zu machen, und in andere (dass der Greifvogel zu einem kommt), war im speziellen bei Klientin B schwer aufzubringen.

Frage Drei:

An welches Ereignis oder Erlebnis erinnerst du dich besonders gerne zurück?

Ziel dieser Frage:

Ähnlich wie bei Frage sollte hier hinterfragt werden welche Besonderheiten es in der Arbeit mit dem Greifvogel gibt.

Fall	Zeile	Nr	Paraphrase	Generalisierung
A/01	14	1	„Das erste Moil, wia ma Fliagn toa hobn."	Freiheit des Vogels
A/01	14	2	„Des woar anfoch des erste Moil, wo i wirklich an Vogl aus da Nähe so richtig fliagn gsehn hob, an gressan Vogl."	Freiheit des Vogels
B/02	16	1	„Wia ma mit dem Greifvogel spazierngongan sand."	Enger Kontakt mit dem Vogel
C/03	26	1	„Doss i mi beim erstn Moil traut hoa."	Neuer Herausforderung stellen und annehmen
C/03	28	2	„zagt hob wos i do kau"	Neuer Herausforderung stellen und annehmen
D/04	12	1	„Das ich mit Mia spazieren gegangen bin."	Enger Kontakt mit dem Greifvogel
D/04	12	2	„Sie gefüttert hab."	Versorgung von Lebewesen, Enger Kontakt mit dem Greifvogel
D/04	12	3	„und dass ich ruhig war."	Konzentration durch die Arbeit mit dem Greifvogel

Zusammenfassung zu Frage Drei:

Den Mut aufgebracht zu haben, sich neuen Herausforderungen zu stellen, und mit einem Tier zu arbeiten, das nicht jeder andere Mensch hat, scheint hier als positiver Eindruck geblieben zu sein. Auch, dass dabei die Freiheit des Vogels beobachtet werden konnte.

Dies lässt auf die im Kapitel 3.5 beschriebene Wahl des Kumpantieres schließen, wo es heißt, dass sich diese nach dem Ego, den subjektiven Wünschen, Bedürfnissen und Vorurteilen des Menschen richtet, aber auch nach dem, wie dieser Mensch von anderen wahrgenommen werden möchte. Dabei ist es nicht von Bedeutung ob dieses Tier wirklich diesen Zuschreibungen entspricht (vgl. Julius, Beetz, Kotraschal, Turner, Uvnäs-Moberg, 2014, S. 51f).

Es kommt auch bei dieser Fragestellung wieder der Hinweis darauf, dass der enge Kontakt mit dem Greifvogel, beispielsweise beim Spaziergehen, positiv in Erinnerung bleibt.

Frage Vier:

Welche Gefühle hattest du bei Füttern des Greifvogels?

Ziel dieser Frage: Erkenntnis, welche Gefühle das Füttern des Greifvogels mit einem anderen (toten) Tier auslöst. Ist es sinnvoll, den Vogel in der tiergestützten Pädagogik zu füttern, oder löst der Anblick der toten Futtertiere Gefühle aus, die nicht förderlich sind.

Fall	Zeile	Nr	Paraphrase	Generalisierung
B/02	20	1	„A guades"	Postive Gefühle
B/02	22	2	„jo, i hob mi net geekelt oda so"	Postive Gefühle
B/02	26	3	„No jo, am Onfong hob i mi net si traut. Oba donn mit da Zeit is gonga."	Selbstzweifel/Überwindung von Selbstzweifel
C/03	30	1	„A bissi ängstlich."	Angst
C/03	32	2	„Wonn a aufihupft, doss a oilso, doss sie sis nimmt und wieda ohaut."	Selbstzweifel/Überwindung von Selbstzweifel
C/03	38	3	„Anfoch tief einatmen, oilso, wie durch die Nase einatmen."	Selbstständige Stressreduktion und Konzentration
D/04	14	1	„ich war zufrieden."	Postive Gefühle
D/04	14	2	„und stolz."	Postive Gefühle

Zusammenfassung zu Frage Vier:

Nach anfänglichen Selbstzweifeln der Klienten und Klientinnen, wurden durchwegs positive Gefühle mit dem Füttern assoziiert. Vermutlich wurde dieses „Gute Gefühl" durch den Umstand ausgelöst, dass ein Lebewesen versorgt werden darf. Zum anderen könnte dies auch damit erklärt werden, dass die Greifvogelfütterung etwas Besonderes ist, das im Normalfall nur ein Falkner durchführt und das sonst nur im Falle einer Greifvogelshow aus der Ferne beobachtet werden kann.

Negative Gefühle durch das Verfüttern von toten Futtertieren wurden nicht angesprochen.

Frage Fünf:

Welche Gefühle hattest du beim Tragen des Vogels?

Ziel dieser Frage: Gibt es Besondere Gefühlsregungen die die Nähe des Greifvogels auslöst.

Fall	Zeile	Nr	Paraphrase	Generalisierung
A/01	16	1	„i bin immer relativ ruhig geworden."	Ausgeglichenheit, Stressreduktion
A/01	16	2	„teilweise is ma nach an Zeitl a bissl langweilig word."	Langeweile
A/01	16	3	„Einfach a innere Ruhe mehr oda weniger."	Ausgeglichenheit, Stressreduktion
A/01	16	4	„Net so richtig Fürsorglichkeit, oba wie soil i sogn? Es is schwa zum ausdrucka. Ah tatata. Ja, eine weniger starke Form der Fürsorglichkeit."	Empathie
B/02	28	1	„A sicheres Gefühl."	Sicherheit
B/02	30	2	„Jo, i wor man et unsicher oder so."	Sicherheit
B/02	31-32	3	*„Oiso, du host di glei wohlgfühlt? Jo scho a."*	Sicherheit
B/02	38	4	„a cooles Gefühl."	Gutes Gefühl
C/03	38	1	„net so ängstlich"	Sicherheit
C/03	47-48	2	*„worst do a ängstlich,oda?* Am Onfong sehr."	Sicherheit
D/04	22	1	„Ungefähr schöne Gefühle."	Gutes Gefühl
D/04	26	2	„Stolz"	Gutes Gefühl

Zusammenfassung Frage Fünf:

Das Tragen des Greifvogels löste laut den Antworten durchwegs positive Gefühle aus. Ein Klient sprach davon, dass er immer „relativ ruhig wurde und eine innere Ruhe verspürte. "Otterstedt und Olbrich beschreiben dieses Phänomen als psychologische Stressreduktion durch den Einsatz von Tieren (vgl. Otterstedt, /Olbrich, 2003, S.67).

Die Stressreduktion und Entspannung beschreiben auch Vernooij und Schneider. Die Anwesenheit von Tieren bewirkt eine Beruhigung und Entspannung bei den Klienten und Klientinnen. Die Ruhe des Tieres überträgt sich auf sein Gegenüber (vgl. Vernooij/Schneider, 2010, S. 158).

Eine Form der Fürsorglichkeit wird von Klient A angesprochen. Hier könnte es sein, dass die Arbeit und Versorgung des Greifvogels ihm das gibt, was ihm unter Umständen in seinem Leben fehlt.

Frage Sechs:

Gibt es Erfahrungen, die du mit dem Greifvogel gemacht hast, die dich an Situationen in deinem Alltag erinnern, beispielsweise mit Eltern, Freunden, Lehrern,…?

Ziel dieser Frage:

Ist ein Transfer der in der tiergestützten Pädagogik gemachten Erfahrungen gelungen.

Fall	Zeile	Nr	Paraphrase	Generalisierung
A/01	18	1	„Ah, eigentlich net, na, mir ward nix eingefallen, na."	Keine Vergleichssituation
B/02	40-44	1	„Ahm, die Kommunikation mit dem Greifvogel. So an meine Freind oda meine Öltan, man muass hoilt so zuaredn ebn a."	Verbale Kommunikation mit anderen
B/02	46	2	„Jo, mim Greifvogl muass ma jo, ahm, ah, so sprechen doss a hoilt net davofliagt. Und mit de Öltan muass ma hoilt a sprechen oda mit de Freindinnen."	Verbale Kommunikation mit anderen
B/02	58	3	„Man muass si kümman."	Fürsorge für andere
C/03	56	1	„Dass ma sogt, wonn ma wos net wüll, doss man et zwunga wird. Oilso, ma konn si net zwinga lossn, wonn ma wos net wüll."	Seine eigene Meinung vertreten
C/03	58	2	„Si net zwinga lossn."	Seine eigene Meinung vertreten
C/03	59-60	3	Na i trau mi deswegn net	Seine eigene Meinung vertreten

C/03	70-72	4	„Und die hom, schon amoil gsogt, i soils no amoi probieren, oba i hob mi donn goar nimma traut. Donn woars aus.*Und daun host des sogn könna?* Da, jo, donn hob i´s sogn kenna."	Wurde in eine Überforderungssituation gebracht.
D/04	28	1	„Ich habs fast der ganzen Schule erzählt."	Stolz auf das Außergewöhnliche
D/04	30	2	„Leise sein."	Auf andere Rücksicht nehmen

Zusammenfassung Frage Sechs:

Klient A konnte sich scheinbar aus den tiergestützten Pädagogik Einheiten nichts mitnehmen. Alle anderen hatten Beispiele für Situationen in ihrem Alltag, die sich mit der Arbeit in der tiergestützten Pädagogik vergleichen lassen, darunter beispielsweise die Kommunikation mit anderen. Der Greifvogel ist ohne verbale und nonverbale Kommunikation nicht zur Mitarbeit zu motivieren. Besonders Klientin B ist aufgefallen, dass dies auch in ihrem Alltag wichtig wäre. Klientin C wurde in einer Einheit in eine Überforderung gebracht. Ihr ist scheinbar aufgefallen, dass ihr dies auch in ihrem Umfeld passiert und sie daher sehr sensibel dafür sein muss, „Nein" zu sagen und generell, dass es wichtig ist, die eigene Meinung zu vertreten.

Frage Sieben:

Was sind deine persönlichen Lernerfolge bzw. Lernerfahrungen?

Ziel dieser Frage:

Ist ein Transfer der in der tiergestützten Pädagogik gemachten Erfahrungen gelungen.

Fall	Zeile	Nr	Paraphrase	Generalisierung
A/01	22	1	„Dass i einfoch manchmoil eventuell die Soch ondas intapretier, Gefühle von ondare Leut oils wirklich san, oilso, doss, i, jo die Gestik mehr oda weniga, andarajo, ondas intapretier."	Vergleich Verhalten zum Vogel und anderen Lebewesen
B/02	62	1	„Wia ma den Greifvogel füttat, ahm, wia ma den Greifvogel auf da Hond trogt und spazieren geht."	Verhalten zum Vogel
B/02	64	2	„Wia ma mit dem Vogel umgeah mua."	Verhalten zum Vogel
C/03	74	1	„Dass i, oilso, das i jetzt woaß, wia ma jetzt mitn´n Greifvogel umgeht oilso, wia man´n füttat, wia man´n trogt."	Verhalten zum Vogel
D/04	36	1	„Leise sein. Und wenn ich den Vogel halte leise sein. Und ruhig stehen bleiben."	Verhalten zum Vogel

Zusammenfassung Frage Sieben:

Drei Klienten haben hier die Lernerfahrungen, die sie im Umgang mit dem Vogel gemacht haben erwähnt, wie man sich in der Nähe oder beim Arbeiten mit dem Vogel verhält. Klient A hat hier eine Lernerfahrung erwähnt, die relevant für die tiergestützte Arbeit erscheint. Das Verhalten anders interpretiert er laut seiner eigenen Aussage oft falsch. Hier ist eventuell ein Transfer in seinen Alltag gelungen, da ihm das Verhalten des Greifvogels unmissverständlich mitteilt, was gemeint ist.

8. Zusammenfassung und Ausblick

Wie im Kapitel zwei beschrieben gibt es vier Formen der tiergestützten Intervention. Die Abgrenzung erscheint hier wichtig und es sollte der jeweils Durchführende sein Fachgebiet kennen, um keine Vermischung der einzelnen Interventionen zu erreichen. Jede dieser vier Interventionen hat ihre Berechtigung und sollte klar abgegrenzt durchgeführt werden.

Die tiergestützte Pädagogik fördert die soziale und emotionale Intelligenz, die wiederum wichtig für eine gute Entwicklung der Persönlichkeit und der sozialen Entwicklung ist (vgl. Olbrich/Otterstedt, 2003, S. 254f).

Die Erklärungsansätze, warum tiergestützte Interventionen förderlich sind, finden sich in Kapitel drei. Olbrichs (2003, S. 184f) Erklärung der Biophilie Hypothese, dass Tiere nicht wie ein Medikament, sondern evolutionsbedingt wirken, erscheint hier interessant. In der Bindungstheorie wird erwähnt, dass es eine Stressreduktion durch den Körperkontakt zu Tieren geben kann. Dieser kann den Aufbau einer sicheren Bindung begünstigen (vgl. Julius, Beetz, Kotraschal, Turner, Uvnäs-Moberg, 2014, S. 168f). Dies wurde im Interview von Klient A (ebd. S. 54) ebenfalls durch den Satz, er hat eine innere Ruhe durch die Arbeit mit dem Greifvogel gefunden, bestätigt. Auch auf das von Kotraschal beschriebene Kumpantier trifft diese Aussage zu. Ein Kumpantier kann laut Kotraschal die Herzschlagrate und den Blutdruck senken (vgl. Kotraschal, 2014, S. 149).

Für die tiergestützte Arbeit mit dem Greifvogel wurden die Methoden von Otterstedt herangezogen (vgl. Otterstedt, 2007, S. 343). Die Brückenmethode, bei der das Tier mit Hilfe einer „Brücke" gefüttert oder gestreichelt wird, eignet sich für das Kennenlernen des Greifvogels am besten (vgl. Otterstedt, 2007, S. 351f).

Der Greifvogel strahlt Wildheit und Würde aus, daher ist eine langsame Annäherung an das Tier besonders wichtig, um anfängliche Unsicherheiten zu bewältigen. Bei Klientin C ist dies nicht gelungen. Die anfängliche Unsicherheit hat sich bei ihr in eine Angst vor dem Greifvogel verwandelt. Der positive Effekt dabei war aber, dass sie selbst ein Gefühl dafür entwickelt hat, wie wichtig es ist, seine Meinung zu vertreten und auch „Nein" sagen zu können. Für den Beziehungsaufbau zum Vogel eignet sich die von Otterstedt beschriebene Hortmethode sehr gut (vgl. Otterstedt, 2007, S. 349). Der Greifvogel hat einen Rückzugsort, den sogenannten Hort, ebenso der Klient oder die Klientin.

So ist eine langsame Annäherung beider Seiten möglich und bei Unsicherheiten können sich beide Seiten zurückziehen. Wichtig ist hierbei, dass der Klient oder die Klientin den Hort auch respektiert. Wenn die Beziehung zwischen Greifvogel und Klient oder Klientin tragfähig ist, lässt sich die Präsenzmethode anwenden (vgl. Otterstedt, 2007, S. 354f). Dies ist eine sehr sensible Methode, da der Greifvogel dabei auf dem Arm des Klienten oder der Klientin sitzt und dies eine gewisse Gefahrenquelle darstellt. Die Vertrauensbasis zwischen dem Pädagogen und dem Greifvogel muss absolut stimmig und die Situation vom Pädagogen jederzeit einschätzbar sein. Die Methode der Integration (vgl. Otterstedt, 2007, S. 355f), lässt sich beim Greifvogel nicht wirklich umsetzen. Da Greifvögel keine domestizierten Tiere sind, lassen sie sich nicht zähmen wie beispielsweise ein Hund. Es steht dem Vogel jederzeit frei davonzufliegen. Strikt festgelegte Abläufe lassen sich mit dem Greifvogel nicht planen, da er sehr sensibel auf sein Gegenüber reagiert. Möglicherweise wäre diese Methode nach einer längeren Zeit realisierbar. Die zehn Einheiten, die mit den Klienten und Klientinnen gemacht wurden, reichten dafür nicht aus. Als anzustrebende Methode wurde von Otterstedt (2007, S. 34) die Methode der freien Begegnung angeführt. Dabei soll das Tier selbstständig zum Klienten oder der Klientin kommen, ohne dass der Raum durch Zäune oder Gehege beschnitten wird. Auch für diese Methode waren die zehn Einheiten zu wenig, jedoch wurde begonnen darauf hinzuarbeiten. Das sogenannte Beireiten, bei dem der Vogel durch entsprechendes Motivieren auf eine Distanz von einigen Metern auf den Handschuh des Klienten oder der Klientin kommt, gibt einen Vorgeschmack auf das Gefühl, wenn der Greifvogel frei von mehreren hunderten Metern zurückkommt.

Da wie schon erwähnt der Greifvogel nicht zu den domestizierten Tieren gehört, wurde in Kapitel fünf einem Werteverständnis Raum gegeben. Dürfen wir Tiere einsetzen, um Menschen zu mehr Wohlbefinden zu verhelfen? Im Laufe dieser Arbeit wurde festgestellt, dass sich dazu keine eindeutigen Antworten finden lassen und jede Antwort neue Fragen aufwirft. Jeder, der mit Tieren arbeiten möchte, sollte jedoch sehr gut auf die Bedürfnisse seines tierischen Partners schauen.

Da die Arbeit mit dem Greifvogel einer falknerischen Tätigkeit entspricht beziehungsweise ihr sehr nahe kommt, wurde in Kapitel sechs die Falknerei beschrieben. Ein kurzer Ausflug in die Geschichte, die Beschreibung der wichtigsten Geräte und der Ablauf der Ausbildung eines Greifvogels am Beispiel eines Harris Hawks. Dies erschien wichtig, da die Klienten und Klientinnen einige dieser Ausbildungsschritte selbst machen mussten, um das Vertrauen des Vogels zu gewinnen und eine Beziehung zu ihm aufbauen zu können. Dazu wurde Literatur von Schöneberg (2004) und der Homepage des Deutschen Falknerordens (http://d-f-o.de/geschichte-der-falknerei.html) bearbeitet. Die beiden Greifvögel, mit denen im praktischen Teil gearbeitet wurde, werden in diesem Kapitel ebenso beschrieben.

Kapitel sieben beschreibt die zehn Einheiten der praktischen Arbeit mit Klient D im Detail und mit den drei weiteren Klienten und Klientinnen A, B und C in einer Zusammenfassung. Die Beschreibungen wurden mittels Beobachtungen, die nach jeder Einheit auf einem Beobachtungsbogen festgehalten wurden, bearbeitet. Es scheint, dass die tiergestützte Pädagogik mit dem Greifvogel für Klienten und Klientinnen, die das Besondere suchen, sinnvoll eingesetzt werden kann. Dies lässt sich durch die Ausführungen des Kumpantieres von Kotraschal erklären (vgl. Julius, Beetz, Kotraschal, Turner, Uvnäs-Moberg, 2014, S. 51f). Dem Greifvogel wird dabei eine „Aura des Wilden", Stolz und Freiheit zugesprochen.

Wie die Klienten und Klientinnen die tiergestützte Pädagogik mit dem Greifvogel erlebten, wurde mit einem Leitfadeninterview erhoben. Die Auswertung und die Ergebnisse wurden in Kapitel acht festgehalten und geben einige interessante Hinweise auf die Qualität der Greifvögel im sozialpädagogischen Kontext. So wurden zum Beispiel die Stressreduktion, das Stellen von neuen Herausforderungen und das Verhalten anderen Lebewesen gegenüber erwähnt. Die Ergebnisse werden an dieser Stelle als Antwort auf die Fragestellung

Wie kann tiergestützte Pädagogik, im Speziellen durch den Einsatz von Greifvögel, in der Sozialpädagogischen Arbeit, hilfreich eingesetzt werden?
zusammenfassend festhalten:

- Greifvögel werden als etwas Besonderes assoziiert, sie werden mit Stolz, Wildheit und Freiheit verbunden. Diese Assoziationen könnten bei Klienten und Klientinnen positive Gefühle auslösen. In den Interviews wurden auch durchwegs positive Gefühle beschrieben. So zum Beispiel Stolz, Sicherheit, Zufriedenheit und gute Gefühle.
- Greifvögel reagieren sehr empfindlich auf Nähe und Distanz. Dies würde sich im speziellen bei Distanzlosen Vorgehensweisen einsetzen lassen.
- Ein Herauskommen aus dem Alltag und sich neuen Herausforderungen und Lebenserfahrungen zu stellen, könnte durch den Motivator Greifvogel im sozialpädagogischen Alltag gelingen.
- Wie aus den Interviews ersichtlich ist, gelingt die Stressreduktion durch die Arbeit mit dem Greifvogel. Nur bei ruhigen und durchdachten Handlungen ist eine Arbeit mit dem Vogel möglich. Dabei könnte auch die Konzentration gefördert werden.

- Der Greifvogel muss mittels verbaler und nonverbaler Kommunikation ständig motiviert werden. Die Kommunikation wird dadurch gefördert und sollte durch den Pädagogen in den Alltag transferiert werden.
- Das Eingehen auf andere Lebewesen kann mit dem Greifvogel trainiert werden. Tiere sind vorurteilsfrei und reagieren auf jedes Verhalten augenblicklich.
- Die Arbeit mit dem Greifvogel erfordert ein hohes Maß an Konzentration. Dies kann dabei mit dem Klienten oder der Klientin trainiert werden.
- Speziell beim Beziehungsaufbau im Betreuungssetting könnten die Besonderheiten des „Kumpantieres" Greifvogel als Eisbrecher dienen.
- In der Falknerei und beim Training mit dem Greifvogel ist es sehr wichtig, Regeln einzuhalten und Grenzen zu respektieren. Zum einen kooperiert der Vogel sonst nicht, zum anderen könnten durch das nicht respektieren dieser gefährliche Situationen entstehen. Dies wäre ein weiteres Übungsfeld für Kinder und Jugendliche im sozialpädagogischen Kontext.

Abschließend kann noch festgehalten werden, dass die Einheiten, die zum Zwecke dieser Facharbeit durchgeführt wurden, nur ein Beginn in der tiergestützten Pädagogik mit dem Greifvogel sind. Es wurde auch ersichtlich, dass die zehn Einheiten zu wenig waren. Erst nach diesen ist der Aufbau einer Beziehung erfolgt. Um nachhaltig arbeiten zu können, wären noch weitere Einheiten nötig. Besonders zu beachten ist, wie auch mit anderen Tieren, dass der Klient oder die Klientin sich auch eine Arbeit mit der entsprechenden Tierart vorstellen kann. Mit Zwang ist dabei nichts zu erreichen.

Literaturverzeichnis

Baumann, Benjamin (2014): Werteverständnis und Ethik innerhalb der Mensch-Tier-Beziehung, Books on Demand GmbH, Norderstedt Deutschland.

Baur, Anika (2012): Mensch-Tier-Beziehung, Möglichkeiten und Ansatzpunkte für die Soziale Arbeit, Diplomica Verlag GmbH, Hamburg.

Ebner, Werner: Unveröffentlichtes Skript, Thesen zur Reflexion, Linz.

Fischer, P. (2006): Politische Ethik, 1. Auflage, UTB Verlag, München.

Friebertshäuser, Barbara/Langer, Antje/Prengel, Annedore (2013): Handbuch Qualitative Forschungsmethoden in der Erziehungswissenschaft, 4. Auflage, Beltz Druckpartner GmbH&Co. KG, Hemsbach, Germany.

Galuske, Michael (2013): Methoden in der Sozialen Arbeit, 10. Auflage, Beltz Druckpartner GmbH& Co. KG, Hemsbach.

Greiffenhagen Sylvia, Buck-Werner N. Oliver, (2.Auflage 2009): Tiere als Therapie, KYNOS Verlag, Nerdlen.

Igelhaut, Stefan (2006): Soziales Lernen mit Tieren, Grin Verlag GmbH, Deutschland.

Julius, Henri/Beetz, Andrea/Kotraschal, Kurt/Turner, Dennis/Uvnäs-Moberg, Kerstin, (2014): Bindung zu Tieren, Psychologische und neurobiologische Grundlagen tiergestützter Interventionen, Hogrefe Verlag GmbH & Co. KG, Göttingen.

Kotraschal, Kurt (2014): Einfach beste Freunde, Warum Menschen und andere Tiere einander verstehen, Brandstätter Verlag.

Langer, Anne (2014): Tiergestützte pädagogische Interventionen, Entstehung und Probleme im Spanungsfeld von Therapie und Pädagogik, Bachelor + Master Publishing, Hamburg.

Otterstedt, Carola (2007): Mensch und Tier im Dialog, Franckh-Kosmos Verlag-GmbH&Co.Kg, Stuttgart.

Otterstedt, Carola/Olbrich Erhard (2003): Menschen brauchen Tiere, Franckh-Kosmos Verlag-GmbH&Co.Kg, Stuttgart.

Salovey,Peter/Mayer, John D. (1990): Emotional Intelligence. In: Imagination, Cognition and Personality.

Schlippe, Arist von, Schweitzer, Jochen (2010): Systemische Interventionen, 2. Auflage, Vandenhoeck & Ruprecht GmbH & Co.Kg, Göttingen.

Schöneberg, Horst (2004): Falknerei, der Leitfaden für Prüfung und Praxis, Verlag Peter N. Klüh, Darmstadt.

Thiersch, Hans/ Otto, Hans-Uwe (Hg.) (2011): Handbuch Soziale Arbeit, 4. Aufl., Reinhardt Ernst, GmbH&Co KG, Verlag, München.

Vernooij, Monika A./Schneider, Silke (2010): Handbuch der Tiergestützten Intervention, 2. Auflage, Quelle & Meyer Verlag GmbH & Co., Wiebelsheim.

Internetquellen:

Stephan, Sabrina (2012): Tiergestützte Pädagogik, http://www.therapiebegleithund.homepage.tonline.de/Arbeiten/Bachelorarbeiten%20S.Stephan.pdf, Zugriff 14.03.2015.

http://www.kinder-jugendhilfe-ooe.at/Mediendateien/dl_fachinfo_sfb_richtlinie.pdf, Zugriff 12.11.2015

Deutscher Falkenorden: Geschichte der Falknerei
http://d-f-o.de/geschichte-der-falknerei.html, Zugriff am 16.10.2015.

Oberösterreichische Tierhalteverordnung, https://www.ris.bka.gv.at/Geltende-Fassung.wxe?Abfrage=Bundesnormen&Gesetzesnummer=20003860 , Zugriff am 30.11.2015

Richtlinien Land OÖ, Sozialpädagogische Familienbetreuung, Teil A, http://www.kinder-jugendhilfe-ooe.at/Mediendateien/dl_fachinfo_sfb_richtlinie.pdf, Zugriff am 30.11.2015

Abbildungsverzeichnis

Abbildung 1: Alexander Groder mit Miakoda, fotografiert von Sonja Ahamer.

Abbildung 2: Falke Wotan beim Übertritt auf den Handschuh, fotografiert von Sonja Ahamer.

Abbildung 3: Harris Hawk Miakoda, fotografiert von Sonja Ahamer.

Abbildung 4: Gerfalke Wotan, fotografiert von Sonja Ahamer.

Abbildung 5: Pinzettengriff bei der Waldkauzfütterung, fotografiert von Alexander Groder.

Abbildung 6: Brustkraulen bei Miakoda, fotografiert von Sonja Ahamer.

Abbildung 7: Gerfalke Wotan beim Beireiten, fotografiert von Sonja Ahamer.